**EUGÈNE LABICHE** et **MARC MICHEL**

# Un chapeau de paille d'Italie

ILLUSTRÉ PAR LES
PHOTOGRAPHIES
DU FILM

ÉDITIONS JULES TALLANDIER
75, Rue Dareau, PARIS (XIV<sup>e</sup>)

Quelques interprètes de : « Un Chapeau de paille d'Italie ».

Un Chapeau de Paille d'Italie. — I.

#### VIRGINIE

Ah ! ben ! s'il fallait embrasser tous ceux qui sont de Rambouillet !...

#### FÉLIX

Il n'y a que quatre mille habitants.

#### VIRGINIE

Il ne s'agit pas de ça... M. Fadinard, votre bourgeois, se marie aujourd'hui... vous m'avez invitée à venir voir la corbeille... voyons la corbeille !...

#### FÉLIX

Nous avons bien le temps... Mon maître est parti, hier soir, pour aller signer son contrat chez le beau-père... il ne revient qu'à onze heures, avec toute sa noce, pour aller à la mairie.

#### VIRGINIE

La mariée est-elle jolie ?

#### FÉLIX

Peuh !... je lui trouve l'air godiche ; mais elle est d'une bonne famille... c'est la fille d'un pépiniériste de Charentonneau... le père Nonancourt.

#### VIRGINIE

Dites donc, monsieur Félix... si vous entendez dire qu'on ait besoin d'une femme de chambre... pensez à moi.

#### FÉLIX

Vous voulez donc quitter votre maître... M. Beauperthuis ?

#### VIRGINIE

Ne m'en parlez pas... c'est un acariâtre, premier numéro... Il est grognon, maussade, sournois, jaloux... et sa femme donc !... certainement, je n'aime pas à dire du mal des maîtres...

#### FÉLIX

Oh ! non !...

#### VIRGINIE

Une chipie ! une bégueule, qui ne vaut pas mieux qu'une autre.

#### FÉLIX

Parbleu !

#### VIRGINIE

Dès que monsieur part... crac ! elle part... et où va-t-elle ?... elle ne me l'a jamais dit... jamais !...

#### FÉLIX

Oh ! vous ne pouvez pas rester dans cette maison-là.

#### VIRGINIE, *baissant les yeux*.

Et puis, ça me ferait tant de plaisir de servir avec quelqu'un de Rambouillet...

#### FÉLIX, *l'embrassant*.

Seine-et-Oise !

## SCÈNE II

### VIRGINIE, FÉLIX, VÉZINET.

#### VÉZINET, *entrant par le fond ; il tient un carton à chapeau de femme*.

Ne vous dérangez pas... c'est moi, l'oncle Vézinet... La noce est-elle arrivée ?

# UN CHAPEAU DE PAILLE D'ITALIE

PERSONNAGES :

FADINARD, *rentier*.
NONANCOURT, *pépiniériste*.
BEAUPERTHUIS.
VÉZINET, *sourd*.
TARDIVEAU, *teneur de livres*.
BOBIN, *neveu de Nonancourt*.
ÉMILE TAVERNIER, *lieutenant*.
FÉLIX, *domestique de Fadinard*.

ACHILLE de ROSALBA, *jeune lion*.
HÉLÈNE, *fille de Nonancourt*.
ANAIS, *femme de Beauperthuis*.
La baronne de CHAMPIGNY.
CLARA, *modiste*.
VIRGINIE, *bonne chez Beauperthuis*.
Une FEMME DE CHAMBRE de la baronne.
Un CAPORAL.
Un DOMESTIQUE.

INVITÉS DES DEUX SEXES. — GENS DE LA NOCE.

*La scène est à Paris.*

## ACTE PREMIER

CHEZ FADINARD. — Un salon octogone. — Au fond, porte à deux battants s'ouvrant sur la scène. — Une porte dans chaque pan coupé. — Deux portes aux premiers plans latéraux. — A gauche, contre la cloison, une table avec tapis, sur laquelle est un plateau portant carafe, verre, sucrier. — Chaises.

SCÈNE PREMIÈRE

VIRGINIE, FÉLIX.

VIRGINIE, *à Félix, qui cherche à l'embrasser.*

Non, laissez-moi, monsieur Félix !... je n'ai pas le temps de jouer.

FÉLIX

Rien qu'un baiser ?

VIRGINIE

Je ne veux pas !...

FÉLIX

Puisque je suis de votre pays !... je suis de Rambouillet...

## AVIS DES ÉDITEURS

Tous les ouvrages publiés par la Librairie JULES TALLANDIER dans ses éditions cinématographiques — qu'ils soient écrits d'après les films, ou que les films en soient tirés — sont toujours en concordance étroite avec les œuvres projetées à l'écran.

Nous prions les lecteurs de se méfier d'ouvrages n'ayant aucun rapport avec les films et qui ne présentent qu'une analogie de titres, afin de créer une confusion dans le public.

Avant d'acheter, vérifier que l'ouvrage porte bien la firme :

**ÉDITIONS JULES TALLANDIER**
75, Rue Dareau, Paris (XIV°)

*Copyright
by Jules Tallandier 1928*

Tous droits de traduction, de reproduction et d'adaptation réservés pour tous les pays y compris la Suède et la Norvège.
Sont également réservés tous droits de reproduction, de traduction et d'adaptation au théâtre et au cinématographe.

**EUGENE LABICHE & MARC MICHEL**

# UN
# Chapeau de Paille d'Italie

### COMÉDIE EN CINQ ACTES

abondamment illustré par les photographies du film

Réalisé par RENÉ CLAIR

pour la SOCIÉTÉ DES FILMS ALBATROS

**ÉDITIONS JULES TALLANDIER**
75, Rue Dareau, PARIS (XIVᵉ)

# UN
# CHAPEAU DE PAILLE D'ITALIE

FÉLIX, *d'un air aimable.*

Pas encore, aimable perruque !...

VIRGINIE, *bas.*

Qu'est-ce que vous faites donc ?

FÉLIX

Il est sourd comme un pot... vous allez voir... (*A Vézinet.*) Nous allons donc à la noce, joli jeune homme ?... Nous allons donc pincer un rigodon ?... Si ça ne fait pas pitié !... (*Il lui offre une chaise.*) Allez donc vous coucher.

VÉZINET

Merci, mon ami, merci !... J'ai d'abord cru que le rendez-vous était à la mairie ; mais j'ai appris que c'était ici ; alors, je suis venu.

FÉLIX

Oui ! M. de la Palisse est mort... est mort de maladie...

VÉZINET

Non pas à pied, en fiacre ! (*Remettant son carton à Virginie.*) Tenez, portez ça dans la chambre de la mariée... c'est mon cadeau de noces... Prenez garde... c'est fragile !...

VIRGINIE, *à part.*

Je vais profiter de ça pour voir la corbeille... (*Saluant Vézinet.*) Adieu, amour de sourd !...

(*Elle entre à gauche, deuxième porte, avec le carton.*)

VÉZINET

Elle est gentille, cette petite... Eh ! eh ! ça fait plaisir de rencontrer un joli minois.

FÉLIX, *lui offrant une chaise.*

Par exemple !... à votre âge !... ça va finir !... gros farceur, ça va finir !...

VÉZINET, *assis à gauche.*

Merci !... (*A part.*) Il est très convenable, ce garçon...

## SCÈNE III

VÉZINET, FADINARD, FÉLIX.

FADINARD, *entrant par le fond et parlant à la cantonade.*

Dételez le cabriolet !... (*En scène.*) Ah ! voilà une aventure !... ça me coûte vingt francs, mais je ne les regrette pas... Félix !...

FÉLIX

Monsieur !...

FADINARD

Figure-toi...

FÉLIX

Monsieur arrive seul ?... et la noce de Monsieur ?...

FADINARD

Elle est en train de s'embarquer à Charentonneau... dans huit fiacres... J'ai pris les devants pour voir si rien ne cloche dans mon nid conjugal... Les tapissiers ont-ils fini ?... A-t-on apporté la corbeille, les cadeaux de noce ?

FÉLIX, *indiquant la chambre du deuxième plan à gauche*

Oui, monsieur... tout est là dans la chambre...

**FADINARD**

Très bien !... Figure-toi que, parti ce matin à huit heures de Charentonneau...

**VÉZINET**, *à lui-même.*

Mon neveu se fait bien attendre...

**FADINARD**, *apercevant Vézinet.*

L'oncle Vézinet !... (A *Félix.*) Va-t'en !... j'ai mieux que toi !... (*Félix se retire au fond ; commençant son récit.*) Figurez-vous que, parti...

**VÉZINET**

Mon neveu, permettez-moi de vous féliciter..

(*Il cherche à embrasser Fadinard.*)

**FADINARD**

Hein ?... quoi ?... Ah ! oui... (*Ils s'embrassent. A part.*) On s'embrasse énormément dans la famille de ma femme !... (*Haut, reprenant le ton du récit.*) Parti ce matin à huit heures de Charentonneau...

**VÉZINET**

Et la mariée ?...

**FADINARD**

Oui... elle me suit de loin... dans huit fiacres... (*Reprenant.*) Parti ce matin à huit heures de Charentonneau...

**VÉZINET**

Je viens d'apporter mon cadeau de noces...

**FADINARD**, *lui serrant la main.*

C'est gentil de votre part... (*Reprenant son récit.*) J'étais dans mon cabriolet... je traversais le bois de Vincennes... tout à coup je m'aperçois que j'ai laissé tomber mon fouet...

**VÉZINET**

Mon neveu, ces sentiments vous honorent.

**FADINARD**

Quels sentiments !... Ah ! sapristi ! j'oublie toujours qu'il est sourd !... ça ne fait rien... (*Continuant.*) Comme le manche est en argent, j'arrête mon cheval et je descends... A cent pas de là, je l'aperçois dans une touffe d'orties... je me pique les doigts.

**VÉZINET**

J'en suis bien aise.

**FADINARD**

Merci !... je retourne... plus de cabriolet !... mon cabriolet avait disparu !...

**FÉLIX**, *redescendant.*

Monsieur a perdu son cabriolet ?...

**FADINARD**, *à Félix.*

Monsieur Félix, je cause avec mon oncle qui ne m'entend pas... Je vous prie de ne pas vous mêler à ces épanchements de famille.

**VÉZINET**

Je dirai plus : les bons maris font les bonnes femmes.

**FADINARD**

Oui... turlututu !... ran plan plan !... Mon cabriolet avait disparu... Je questionne, j'interroge... On me dit qu'il y en a un d'arrêté au coin du bois... J'y cours, et qu'est-ce que je trouve ?... Mon cheval en train de mâchonner une espèce de bouchon de paille, orné de coquelicots... Je m'approche... aussitôt une voix de femme part de l'allée voisine, et s'écrie : « Ciel !... mon chapeau ! » Le bouchon de paille était un chapeau !... Elle l'avait suspendu à un arbre, tout en causant avec un militaire...

FÉLIX, *à part.*

Ah ! ah ! c'est cocasse !...

FADINARD, *à Vézinet.*

Entre nous, je crois que c'est une gaillarde...

VÉZINET

Non, je suis de Chaillot... j'habite Chaillot.

FADINARD

Turlututu !... ran plan plan !...

VÉZINET

Près de la pompe à feu !...

FADINARD

Oui, c'est convenu !... J'allais présenter mes excuses à cette dame et lui offrir de payer le dommage, lorsque ce militaire s'interpose... une espèce d'Africain rageur... Il commence par me traiter de petit criquet !... Sapristi !... la moutarde me monte au nez... et, ma foi, je l'appelle beni-zoug-zoug !... Il s'élance sur moi... je fais un bond... et je me trouve dans mon cabriolet... la secousse fait partir mon cheval... et me voilà !... Je n'ai eu que le temps de lui jeter une pièce de vingt francs pour le chapeau... ou de vingt sous !... car je ne suis pas fixé... Je verrai ça, ce soir, en faisant ma caisse... (*Tirant de sa poche un fragment de chapeau de paille, orné de coquelicots.*) Voilà la monnaie de ma pièce ?...

VÉZINET, *prenant le morceau de chapeau et l'examinant.*

La paille est belle !...

FADINARD

Oui, mais trop chère la botte !...

VÉZINET

Il faudrait chercher longtemps avant de trouver un chapeau pareil... j'en sais quelque chose.

FÉLIX, *qui s'est avancé et qui a pris le chapeau des mains de Vézinet.*

Voyons...

FADINARD

Monsieur Félix, je vous prie de ne pas vous mêler à mes épanchements de famille...

FÉLIX

Mais, monsieur !...

FADINARD

Silence, maroufle !... comme dit l'ancien répertoire.

(*Félix remonte.*)

VÉZINET

Dites donc... à quelle heure va-t-on à la mairie ?

FADINARD

A onze heures !... onze heures !...

(*Il montre avec ses doigts.*)

VÉZINET

On dînera tard... j'ai le temps d'aller prendre un riz au lait... vous permettez ?...

(*Il remonte.*)

FADINARD

Comment donc !... ça me fera extrêmement plaisir...

VÉZINET, *revenant à lui pour l'embrasser.*

Adieu, mon neveu !...

FADINARD

Adieu, mon oncle... (*A Vézinet, qui cherche à l'embrasser.*) Hein ?... quoi ?... Ah ! oui... c'est un tic de famille. (*Se laissant embrasser.*) Là !... (*A part.*) Une fois marié, tu ne me pinceras pas souvent à jouer à ça... non... non...

VÉZINET

Et l'autre côté ?

FADINARD

C'est ce que je disais... « Et l'autre côté ? » (*Vézinet l'embrasse sur l'autre joue.*) Là...

ENSEMBLE

Air : *Quand nous sommes si fatigués.*
(*Représentants en vacances,* acte premier.)

FADINARD

Adieu, caressant pot-au-feu !
A ta déplorable manie
Je compte me soustraire un peu,
En revenant de la mairie.

VÉZINET

Adieu, je reviens, cher neveu,
Avec la noce réunie,
Vous embrasser encore un peu,
Avant d'aller à la mairie.

(*Vézinet sort par le fond. Félix entre à gauche, deuxième plan, en emportant le fragment de chapeau.*)

## SCÈNE IV

FADINARD, *seul.*

Enfin... dans une heure, je serai marié... je n'entendrai plus mon beau-père me crier à chaque instant : « Mon gendre, tout est rompu !... » — Vous êtes-vous trouvé quelquefois en relations avec un porc-épic ? Tel est mon beau-père !... J'ai fait sa connaissance dans un omnibus... Son premier mot fut un coup de pied... J'allais lui répondre un coup de poing, quand un regard de sa fille me fit ouvrir la main... et je passai ses six gros sous au conducteur... — Après ce service, il ne tarda pas à m'avouer qu'il était pépiniériste à Charentonneau... — Voyez comme l'amour rend ingénieux... Je lui dis : « Monsieur, vendez-vous de la graine de carottes ? » — Il me répondit : « Non, mais j'ai de bien beaux géraniums. » — Cette réponse fut un éclair. « Combien le pot ? — Quatre francs. — Marchons ! » — Arrivés chez lui, je choisis quatre pots (c'était justement la fête de mon portier), et je lui demande la main de sa fille. — « Qui êtes-vous ? — J'ai vingt-deux francs de rente... — Sortez ! — Par jour ! — Asseyez-vous donc ! » — Admirez-vous la laideur de son caractère ! — A partir de ce moment, je fus admis à partager sa soupe aux choux, en compagnie du cousin Bobin, un grand dadais qui a la manie d'embrasser tout le monde... surtout ma femme... — On me répond à ça : « Bah ! ils ont été élevés ensemble ! » — Ce n'est pas une raison... Et une fois marié... — Marié !!! (*Au public.*) Etes-vous comme moi ?... Ce mot me met une fourmi à chaque pointe de cheveu... il n'y a pas à dire... dans une heure, je le serai... (*Vivement.*) marié !... J'aurai une petite femme à moi tout seul !... et je pourrai l'embrasser sans que le porc-épic que vous savez, me crie : « Monsieur, on ne marche pas dans les plates-bandes ! » Pauvre petite femme !... (*Au public.*) Eh bien, je crois que je lui serai fidèle... parole d'honneur !... Non ?... Oh ! que si !... Elle est si gentille, mon Hélène !... sous sa couronne de mariée !...

Air du *Serment*.

Connaissez-vous dans Barcelone,
Dans Barcelone !
Une Andalouse au teint bruni,
Au noir sourcil ?
Eh bien, ce portrait de lionne,
Ce portrait de fière amazone,
A l'œil hardi
Trop dégourdi...
N'est pas du tout celui de ma houri,
Non, Dieu merci !
Et c'est heureux pour un futur mari.

Une rose... avec une couronne d'oranger... telle est la lithographie de mon Hélène !... Je lui ai fait arranger un appartement délicieux... Ici, ça n'est déjà pas mal... (*Indiquant la gauche.*) Mais par là, c'est délicieux... un paradis en palissandre, — avec des rideaux chamois... C'est cher, mais c'est joli ; un mobilier de lune de miel !... Ah ! je voudrais qu'il fût minuit un quart !... — On monte !... c'est elle et son cortège !... — Voilà les fourmis !... En veux-tu, des fourmis ?...

## SCÈNE V

ANAIS, FADINARD, ÉMILE, *en costume d'officier.*

(*La porte s'ouvre ; on voit, en dehors, une dame sans chapeau et un officier.*)

ANAÏS, *à Emile.*

Non, monsieur Emile... je vous en prie...

ÉMILE

Entrez, madame ; ne craignez rien.

(*Ils entrent.*)

FADINARD, *à part.*

La dame au chapeau et son Africain !... Sapristi !

ANAÏS, *troublée.*

Emile, pas de scandale !

ÉMILE

Soyez tranquille !... je suis votre cavalier... (*A Fadinard.*) Vous ne comptiez pas nous revoir si tôt, monsieur ?...

FADINARD, *avec un sourire forcé.*

Certainement... votre visite me flatte beaucoup... mais j'avoue qu'en ce moment... (*A part.*) Qu'est-ce qu'ils me veulent ?...

ÉMILE, *brusquement.*

Offrez donc un siège à madame.

FADINARD, *avançant un fauteuil.*

Ah ! pardon... Madame désire s'asseoir ?... je ne savais pas... (*A part.*) Et ma noce que j'attends...

(*Anaïs s'assoit.*)

ÉMILE, *s'asseyant à droite.*

Vous avez un cheval qui marche bien, monsieur.

FADINARD

Pas mal... Vous êtes bien bon... Est-ce que vous l'avez suivi à pied ?

ÉMILE

Du tout, monsieur : j'ai fait monter mon brosseur derrière votre voiture...

FADINARD

Ah ! bah !... Si j'avais su !... (*A part.*) J'avais mon fouet...

ÉMILE, *durement.*

Si vous aviez su ?...

FADINARD

Je l'aurais prié de monter dedans... (*A part.*) Ah ! mais... il m'agace, l'Africain !

ANAÏS

Emile, le temps se passe, abrégeons cette visite.

FADINARD

Je suis tout à fait de l'avis de Madame... abrégeons... (*A part.*) J'attends ma noce.

ÉMILE

Monsieur, vous auriez grand besoin de quelques leçons de savoir-vivre.

FADINARD, *offensé.*

Lieutenant ! (*Emile se lève. Plus calme.*) J'ai fait mes classes...

ÉMILE

Vous nous avez quittés fort impoliment, dans le bois de Vincennes.

FADINARD

J'étais pressé...

ÉMILE

Et vous avez laissé tomber par mégarde, sans doute... cette petite pièce de monnaie...

FADINARD, *la prenant.*

Vingt sous !... tiens ! c'était vingt sous !...

Eh bien, je m'en doutais... (*Fouillant à sa poche.*) C'est une erreur... je suis fâché que vous ayez pris la peine... (*Lui offrant une pièce d'or.*) Voilà !

ÉMILE, *sans la prendre.*

Qu'est-ce que c'est que ça ?

FADINARD

Vingt francs, pour le chapeau...

ÉMILE, *avec colère.*

Monsieur !...

ANAÏS, *se levant.*

Emile !

ÉMILE

C'est juste ! j'ai promis à Madame de rester calme...

FADINARD, *fouillant de nouveau à sa poche.*

J'ai cru que c'était le prix... Est-ce trois francs de plus ?... Je ne suis pas à ça près.

ÉMILE

Il ne s'agit pas de ça, monsieur... Nous ne sommes pas venus ici pour réclamer de l'argent.

FADINARD, *très étonné.*

Non ?... Eh bien... mais alors... quoi ?...

ÉMILE

Des excuses, d'abord, monsieur... des excuses à Madame.

FADINARD

Des excuses, moi ?...

ANAÏS

C'est inutile, je vous dispense...

ÉMILE

Du tout, madame ; je suis votre cavalier...

FADINARD

Qu'à cela ne tienne, madame... quoique, à vrai dire, ce ne soit pas moi personnellement qui aie mangé votre chapeau... Et encore, madame... êtes-vous bien sûre que mon cheval n'était pas dans son droit, en grignotant cet article de modes ?

ÉMILE

Vous dites ?...

FADINARD

Ecoutez donc !... Pourquoi madame accroche-t-elle ses chapeaux dans les arbres ?... Un arbre n'est pas un champignon, peut-être !... Pourquoi se promène-t-elle dans les forêts avec des militaires ?... C'est très louche, ça, madame...

ANAÏS

Monsieur !...

ÉMILE, *avec colère.*

Que voulez-vous dire ?

ANAÏS

Apprenez que M. Tavernier...

FADINARD

Qui ça, Tavernier ?

ÉMILE, *brusquement.*

C'est moi, monsieur !

ANAÏS

Que M. Tavernier... est... mon cousin... Nous avons été élevés ensemble...

FADINARD, *à part.*

Je connais ça... c'est son Bobin.

ANAÏS

Et si j'ai consenti à accepter son bras... c'est pour causer de son avenir... de son avancement... pour lui faire de la morale...

FADINARD

Sans chapeau ?..

ÉMILE, *soulevant une chaise et en frappant le parquet avec colère.*

Morbleu !...

ANAÏS

Emile !... pas de bruit !...

ÉMILE

Permettez, madame...

FADINARD

Ne cassez donc pas mes chaises !... (*A part.*) Je vais le flanquer du haut de l'escalier... Non... il pourrait tomber sur la tête de ma noce.

ÉMILE

Abrégeons, monsieur...

FADINARD

J'allais le dire... vous m'avez pris mon mot, j'allais le dire !

ÉMILE

Voulez-vous, oui ou non, faire des excuses à madame ?

FADINARD

Comment donc !... très volontiers... Je suis pressé... Madame... veuillez, je vous prie, agréer l'assurance de la considération la plus distinguée... avec laquelle... Enfin... j'infligerai une volée à Cocotte.

ÉMILE

Ça ne suffit pas.

FADINARD

Non ?... Je la mettrai aux galères à perpétuité.

ÉMILE, *frappant du poing sur une chaise.*

Monsieur !...

FADINARD

Ne cassez donc pas mes chaises, vous !

ÉMILE

Ce n'est pas tout !...

VOIX DE NONANCOURT, *dans la coulisse.*

Attendez-nous... nous redescendons...

ANAÏS, *effrayée.*

Ah ! mon Dieu !... quelqu'un !...

FADINARD, *à part.*

Fichtre ! le beau-père !... S'il trouve une femme ici... tout est rompu !...

ANAÏS, *à part.*

Surprise chez un étranger !... que devenir ?... (*Apercevant le cabinet de droite.*) Ah !...

(*Elle y entre.*)

FADINARD, *courant à elle.*

Madame, permettez... (*Courant à Emile.*) Monsieur...

ÉMILE, *entrant à gauche, premier plan.*

Renvoyez ces gens-là... nous reprendrons cet entretien.

FADINARD, *fermant la porte sur Emile et apercevant Nonancourt qui entre au fond.*

Il était temps !!!

## SCÈNE VI

FADINARD, NONANCOURT, HÉLÈNE, BOBIN.

(*Ils sont tous en costume de noce. Hélène porte la couronne et le bouquet de mariée.*)

NONANCOURT

Mon gendre, tout est rompu !... Vous vous conduisez comme un paltoquet...

HÉLÈNE

Mais, papa...

NONANCOURT

Silence, ma fille !

FADINARD

Mais qu'est-ce que j'ai fait ?

NONANCOURT

Toute la noce est en bas... Huit fiacres...

BOBIN

Un coup d'œil magnifique !

#### FADINARD

Eh bien ?

#### NONANCOURT

Vous deviez nous recevoir au bas de l'escalier...

#### BOBIN

Pour nous embrasser.

#### NONANCOURT

Faites des excuses à ma fille...

#### HÉLÈNE

Mais, papa...

#### NONANCOURT

Silence, ma fille !... (*A Fadinard.*) Allons, monsieur, des excuses !

#### FADINARD, *à part.*

Il paraît que je n'en sortirai pas. (*Haut, à Hélène.*) Mademoiselle, veuillez, je vous prie, agréer l'assurance de ma considération la plus distinguée...

#### NONANCOURT, *l'interrompant.*

Autre chose ! — Pourquoi êtes-vous parti, ce matin, de Charentonneau sans nous dire adieu ?...

#### BOBIN

Il n'a embrassé personne !

#### NONANCOURT

Silence, Bobin ! (*A Fadinard.*) Répondez !

#### FADINARD

Dame, vous dormiez !

#### BOBIN

Pas vrai ! je cirais mes bottes.

#### NONANCOURT

C'est parce que nous sommes des gens de la campagne, des paysans !...

#### BOBIN, *pleurant.*

Des *pipiniéristes !*

#### NONANCOURT

Ça n'en vaut pas la peine !

#### FADINARD, *à part.*

Hein ? comme le porc-épic se développe !

#### NONANCOURT

Vous méprisez déjà votre famille !

#### FADINARD

Tenez, beau-père, purgez-vous... je vous assure que ça vous fera du bien !

#### NONANCOURT

Mais le mariage n'est pas encore fait, monsieur... on peut le rompre...

#### BOBIN

Rompez, mon oncle, rompez !

#### NONANCOURT

Je ne me laisserai pas marcher sur le pied ! (*Secouant son pied.*) Cristi !

#### FADINARD

Qu'est-ce que vous avez ?

#### NONANCOURT

J'ai... des souliers vernis, ça me blesse, ça m'agace... ça me turlupine... (*Secouant son pied.*) Cristi !

HÉLÈNE

Ça se fera en marchant, papa.
(*Elle tourne les épaules.*)

FADINARD, *la regardant faire, et à part.*

Tiens !... qu'est-ce qu'elle a donc ?

NONANCOURT

A-t-on apporté un myrte pour moi ?

FADINARD

Un myrte !... Pour quoi faire ?

NONANCOURT

C'est un emblème, monsieur...

FADINARD

Ah !

NONANCOURT

Vous riez de ça !... vous vous moquez de nous... parce que nous sommes des gens de la campagne... des paysans !...

BOBIN, *pleurant.*

Des *pipiniéristes !*

FADINARD

Allez, allez !

NONANCOURT

Mais ça m'est égal... Je veux le placer moi-même dans la chambre à coucher de ma fille, afin qu'elle puisse se dire... (*Secouant son pied.*) Cristi !

HÉLÈNE, *à son père.*

Ah ! papa, que vous êtes bon !
(*Elle tourne les épaules.*)

FADINARD, *à part.*

Encore !... ah çà !... mais c'est un tic... je ne l'avais pas remarqué...

HÉLÈNE

Papa !

NONANCOURT

Hein ?

HÉLÈNE

J'ai une épingle dans le dos... ça me pique.

FADINARD

Je disais aussi...

BOBIN, *vivement, retroussant ses manches.*

Attendez, ma cousine...

FADINARD, *l'arrêtant.*

Monsieur, restez chez vous !

NONANCOURT

Bah ! puisqu'ils ont été élevés ensemble...

BOBIN

C'est ma cousine.

FADINARD

Ça ne fait rien... on ne marche pas dans les plates-bandes !

NONANCOURT, *à sa fille, lui indiquant le cabinet où est Emile.*

Tiens, entre là !

FADINARD, *à part.*

Avec l'Africain... merci !... (*Lui barrant le passage.*) Non !... pas par là !...

*Ce jour-là, Fadinard, rentier, devait épouser la fille de Nonancourt, pépiniériste à Charentonneau.*

Photo-Film : Albatros.

— Qu'est-ce que je trouve? mon cheval en train de mâchonner une espèce de bouchon de paille orné de coquelicots!

Photo-Film : Albatros.

— *J'allais présenter mes excuses à cette dame, et lui offrir de payer le dommage.*

Un Chapeau de Paille d'Italie. — IV

Photo-Film : Albatros.

*Anaïs, épuisée par les émotions, se trouve mal dans la chambre de Fadinard.*

V.

## UN CHAPEAU DE PAILLE D'ITALIE

NONANCOURT

Pourquoi ?

FADINARD

C'est plein de serruriers.

NONANCOURT, *à sa fille.*

Alors marche... secoue-toi... ça la fera descendre. (*Secouant son pied.*) Cristi ! je n'y tiens plus... je vais mettre des chaussons de lisière.

(*Il se dirige vers le cabinet où est Anaïs.*)

FADINARD, *lui barrant le passage.*

Non !... pas par là !

NONANCOURT

A cause ?

FADINARD

Je vais vous dire... c'est plein de fumistes.

NONANCOURT

Ah çà ! vous logez donc tous les corps d'état ?... Alors, filons !... ne nous faisons pas attendre... Bobin, donne le bras à ta cousine... Allons, mon gendre, à la mairie !... (*Secouant son pied.*) Cristi !

FADINARD, *à part.*

Et les deux autres qui sont là ! (*Haut.*) Je vous suis... le temps de prendre mon chapeau, mes gants...

ENSEMBLE :

NONANCOURT, HÉLÈNE, BOBIN.

Air : *Cloches, sonnez !* (*Mariée de Poissy.*)

Vite, mon gendre, en carrosse !
Nos huit fiacres nous attendent en bas.
Et l'on dira : « C'est une noce
Comme à Paris l'on n'en voit pas ! »

FADINARD

Allez, montez en carrosse !
Cher beau-père, je suis vos pas.
Je cours rejoindre la noce,
Je descends, vous n'attendrez pas.

HÉLÈNE et BOBIN

Vite, monsieur, en carrosse, etc.

(*Nonancourt, Hélène et Bobin sortent par le fond.*)

## SCÈNE VII

### FADINARD, ANAIS, ÉMILE, puis VIRGINIE.

FADINARD, *courant vivement vers le cabinet où est la dame.*

Venez, madame... vous ne pouvez pas rester chez moi... (*Courant au cabinet de gauche.*) Allons, monsieur, décampons !...

(*Virginie entre en riant par la deuxième porte de gauche. Elle tient à la main le morceau de chapeau de paille emporté par Félix, et ne voit pas les personnages en scène. — Pendant ce temps, Fadinard remonte au fond, pour écouter s'éloigner Nonancourt. Il ne voit pas Virginie.*)

VIRGINIE, *à elle-même.*

Ah ! ah ! ah ! c'est comique !

ÉMILE, *à part.*

Ciel ! Virginie !...

ANAÏS, *entr'ouvrant la porte.*

Ma femme de chambre !... Nous sommes perdus !...
(*Elle écoute, ainsi qu'Emile, avec anxiété.*)

VIRGINIE, *à elle-même.*

Une dame qui va faire manger son chapeau dans le bois de Vincennes avec un militaire !...

FADINARD, *se retournant et l'apercevant ; à part.*

D'où sort celle-là ?
(*Il redescend un peu vers la gauche.*)

VIRGINIE, *à elle-même.*

Il ressemble à celui de Madame... Ça serait drôle, tout de même !...

ÉMILE, *bas.*

Renvoyez cette fille, ou je vous tue !...

VIRGINIE

Il faut que je sache...

FADINARD, *faisant un bond.*

Sacrebleu ! (*Il arrache le morceau de chapeau des mains de Virginie.*) Va-t'en !

VIRGINIE, *surprise et effrayée en apercevant Fadinard.*

Monsieur ! monsieur !...

FADINARD, *la poussant vers la porte du fond.*

Va-t'en, ou je te tue !

VIRGINIE, *poussant un cri.*

Ah !

(*Elle disparaît.*)

## SCÈNE VIII

ÉMILE, ANAÏS, FADINARD.

FADINARD, *revenant.*

Quelle est cette créature ?... Que signifie ?... (*Soutenant Anaïs qui entre en chancelant.*) Allons ! bon !... elle se trouve mal !
(*Il l'assied à droite.*)

ÉMILE, *allant à elle.*

Anaïs !...

FADINARD

Madame, dépêchez-vous !... je suis pressé !

VOIX DE NONANCOURT, *au bas de l'escalier.*

Mon gendre ! mon gendre !

FADINARD

Voilà ! voilà !

ÉMILE

Un verre d'eau sucrée, monsieur... un verre d'eau sucrée !

FADINARD, *perdant la tête.*

Voilà ! voilà !... sacrebleu ! quelle chance ! (*Il prend ce qu'il faut sur le guéridon et tourne le verre d'eau sucrée.*)

ÉMILE

Chère Anaïs !... (*A Fadinard, brusquement.*) Allons donc... morbleu !

FADINARD, *tournant l'eau sucrée.*

Ça fond, vertubleu ! (*A Anaïs.*) Madame... je ne voudrais pas vous renvoyer... mais je crois que si vous retourniez chez vous...

ÉMILE

Eh ! monsieur, cela n'est plus possible, maintenant !

FADINARD, *étonné.*

Ah bah !... comment, plus possible ?

ANAÏS, *d'une voix altérée.*

Cette fille...

FADINARD

Eh bien, madame ?...

ANAÏS

Cette fille est ma femme de chambre... elle a reconnu le chapeau... elle va raconter à mon mari...

FADINARD

Un mari ?... ah ! saprelotte ! il y a un mari !...

ÉMILE

Un jaloux, un brutal.

ANAÏS

Si je rentre sans ce maudit chapeau... lui qui voit tout en noir... il pourra croire des choses...

FADINARD, *à part.*

Jaunes !

ANAÏS, *avec désespoir.*

Je suis perdue... compromise !... Ah ! j'en ferai une maladie...

FADINARD, *vivement.*

Pas ici, madame, pas ici !... l'appartement est très malsain.

VOIX DE NONANCOURT, *au bas de l'escalier.*

Mon gendre ! mon gendre !

FADINARD

Voilà ! voilà !... (*Il boit. Revenant à Émile.*) Qu'est-ce que nous décidons ?

ÉMILE, *à Anaïs.*

Il faut absolument se procurer un chapeau tout semblable... et vous êtes sauvée !

FADINARD, *enchanté.*

Eh mais, parbleu !... l'Africain a raison !... (*Lui offrant le morceau de chapeau.*) Tenez, madame... voici l'échantillon... et en visitant les magasins...

ANAÏS

Moi, monsieur ?... mais je suis mourante !

ÉMILE

Vous ne voyez donc pas que Madame est mourante ?... Eh bien... ce verre d'eau ?...

FADINARD, *lui offrant le verre.*

Voilà... (*Le voyant vide.*) Ah ! tiens ! il est bu... (*Offrant l'échantillon à Émile.*) Mais vous, monsieur... qui n'êtes pas *mourante ?*

ÉMILE

Moi, monsieur, quitter Madame dans un pareil état ?

VOIX DE NONANCOURT

Mon gendre ! mon gendre !

FADINARD

Voilà !... (*Allant poser le verre sur la table.*) Mais, sapristi ! monsieur... ce chapeau ne viendra pas tout seul sur la tête de Madame !...

ÉMILE

Sans doute. Courez, monsieur, courez !

FADINARD

Moi ?...

ANAÏS, *se levant, très agitée.*

Au nom du ciel, monsieur, partez vite !

FADINARD, *se récriant.*

Partez vite est joli !... mais je me marie, madame... j'ai l'honneur de vous faire part de cet affreux événement... ma noce m'attend au pied de l'escalier...

ÉMILE, *brusquement.*

Je me moque bien de votre noce !...

FADINARD

Lieutenant !

ANAÏS

Surtout, monsieur, choisissez une paille exactement pareille... mon mari connaît le chapeau.

FADINARD

Mais, madame...

ÉMILE

Avec des coquelicots...

FADINARD

Permettez...

ÉMILE

Nous l'attendrons ici quinze jours, un mois... s'il le faut...

FADINARD

De façon qu'il me faut galoper après un chapeau... sous peine de placer ma noce en état de vagabondage ! Ah ! vous êtes gentil !...

ÉMILE, *saisissant une chaise.*

Eh bien, monsieur, partez-vous ?

FADINARD, *exaspéré, lui prenant la chaise.*

Oui, monsieur, je pars... laissez mes chaises... ne touchez à rien, sapristi ! (*A lui-même.*) Je cours chez la première modiste... Mais, qu'est-ce que je vais faire de mes huit fiacres ?... Et le maire qui nous attend !

(*Il s'assied machinalement sur la chaise qu'il tenait.*)

VOIX DE NONANCOURT

Mon gendre ! mon gendre !

FADINARD, *se levant et remontant.*

Je vais tout conter au beau-père !

ANAÏS

Par exemple !

ÉMILE

Pas un mot... ou vous êtes mort !

FADINARD

Très bien !... Ah ! vous êtes gentils !...

VOIX DE NONANCOURT, *qui frappe à la porte.*

Mon gendre ! mon gendre ! ! !

ANAÏS et ÉMILE, *courant à Fadinard.*

N'ouvrez pas !

(*Ils se jettent chacun à droite et à gauche de la porte, qui s'ouvre de façon qu'ils soient cachés par les battants.*)

## SCÈNE IX

FADINARD, ÉMILE et ANAIS, cachés ; NONANCOURT, au fond, puis FÉLIX.

NONANCOURT, *paraissant à la porte du fond et tenant un pot de myrte.*

Mon gendre, tout est rompu !

(*Il veut entrer.*)

FADINARD, *lui barrant le passage.*

Oui... partons !

NONANCOURT, *voulant entrer.*

Attendez que je dépose mon myrte.

FADINARD, *le faisant reculer.*

N'entrez pas !... n'entrez pas !

NONANCOURT

Pourquoi ?

FADINARD

C'est plein de tapissiers !... Venez ! Venez !
(*Ils disparaissent tous deux. La porte se referme.*)

ANAÏS, *éplorée, se jetant dans les bras d'Emile.*

Ah ! Emile !

ÉMILE, *de même, en même temps.*

Ah ! Anaïs !

FÉLIX, *entrant et les voyant.*

Qu'est-ce que c'est que ça ?

## ACTE DEUXIÈME

Le théâtre représente un salon de modiste. — A gauche, un comptoir parallèle à la cloison latérale. — Au-dessus, sur une étagère, une de ces têtes en carton dont se servent les modistes. Une capote de femme est placée sur cette tête. — Sur le comptoir, un grand registre, encrier, plumes, etc. — A gauche, porte au troisième plan. — A droite, portes aux premier et deuxième plans. — Porte principale au fond. — Banquettes des deux côtés de cette porte. — Chaises. — On ne voit pas un seul article de modes dans cette pièce, excepté la tête en carton. — C'est un salon de modiste, les magasins sont censés être à côté, dans la pièce du deuxième plan de droite. — La porte du fond ouvre sur une antichambre.

### SCÈNE PREMIÈRE

CLARA, puis TARDIVEAU.

CLARA, *parlant à la cantonade, à la porte de gauche, deuxième plan.*

Dépêchez-vous, mesdemoiselles !... Cette commande est très pressée... (*En scène.*) M. Tardiveau n'est pas encore arrivé !... Je n'ai jamais vu de teneur de livres aussi lambin... Il est trop vieux... j'en prendrai un jeune.

TARDIVEAU, *entrant par le fond.*

Ouf !... me voilà !... Je suis en nage...

(*Il prend un foulard dans son chapeau et s'essuie le front.*)

CLARA

Mon compliment, monsieur Tardiveau... vous arrivez de bonne heure.

TARDIVEAU

Mademoiselle... ce n'est pas ma faute... je me suis levé à six heures... (*A part.*) Dieu ! que j'ai chaud !... (*Haut.*) J'ai fait mon feu, j'ai fait ma barbe, j'ai fait ma soupe, je l'ai mangée...

CLARA

Votre soupe !... Qu'est-ce que cela me fait ?

TARDIVEAU

Je ne peux pas prendre de café au lait... ça ne passe pas... et, comme je suis de garde...

CLARA

Vous ?

TARDIVEAU

Alors, j'ai été ôter ma tunique... parce que, chez une modiste... l'uniforme...

CLARA

Ah çà ! père Tardiveau, vous avez plus de cinquante-cinq ans...

TARDIVEAU

J'en ai soixante-deux, mademoiselle... pour vous servir.

CLARA, *à part.*

Merci bien.

TARDIVEAU

Mais j'ai obtenu du gouvernement la faveur de continuer mon service...

CLARA

En voilà du dévouement !

TARDIVEAU

Non ! oh ! non !... C'est pour me retrouver avec Trouillebert.

CLARA

Qu'est-ce que c'est que ça ?

TARDIVEAU

Trouillebert ?... un professeur de clarinette... alors, nous nous faisons mettre de garde ensemble, et nous passons la nuit à jouer des verres d'eau sucrée... C'est ma seule faiblesse... la bière ne passe pas.

(*Il va prendre place dans le comptoir.*)

CLARA, *à part.*

Quel vieux maniaque !

TARDIVEAU, *à part.*

Dieu ! que j'ai chaud !... Ma chemise est trempée.

CLARA

Monsieur Tardiveau, j'ai une course à vous donner, vous allez courir...

TARDIVEAU

Pardon... j'ai là mon petit vestiaire, et, auparavant, je vous demanderai la permission de passer un gilet de flanelle.

CLARA

Oui, en revenant... Vous aller courir rue Rambuteau, chez le passementier...

TARDIVEAU

C'est que...

CLARA

Vous rapporterez des écharpes tricolores...

TARDIVEAU

Des écharpes tricolores ?...

CLARA

C'est pour ce maire de province, vous savez...

TARDIVEAU, *sortant du comptoir.*

C'est que ma chemise est trempée...

CLARA

Mais allez donc !... Vous n'êtes pas parti ?

TARDIVEAU

Voilà ! (*A part.*) Dieu ! que j'ai chaud !... je changerai en revenant...

(*Il sort par le fond.*)

## SCÈNE II

CLARA, puis FADINARD.

CLARA, *seule.*

Mes ouvrières sont à l'ouvrage... tout va bien... C'est une bonne idée que j'ai eue de m'établir... Il n'y a que quatre mois, et déjà les pratiques arrivent... Ah ! c'est que je ne suis pas une modiste comme les autres, moi !... Je suis sage, je n'ai pas d'amoureux... pour le moment. (*On entend un bruit de voitures.*) Qu'est-ce que cela ?

FADINARD, *entrant vivement.*

Madame, il me faut un chapeau de paille, vite, tout de suite, dépêchez-vous !

CLARA

Un chapeau de...? (*Apercevant Fadinard.*) Ah ! mon Dieu !

FADINARD, *à part.*

Bigre ! Clara !... une ancienne !... et ma noce qui est à la porte ! (*Haut, tout en se dirigeant vers la porte.*) Vous n'en tenez pas ?... très bien... je reviendrai...

CLARA, *l'arrêtant.*

Ah ! vous voilà !... et d'où venez-vous ?

FADINARD

Chut !... pas de bruit... je vous expliquerai ça... J'arrive de Saumur.

CLARA

Depuis six mois ?

FADINARD

Oui... j'ai manqué la diligence... (*A part.*) Fichue rencontre !

CLARA

Ah ! vous êtes gentil !... c'est comme ça que vous vous conduisez avec les femmes !

FADINARD

Chut ! pas de bruit !... j'ai quelques légers torts, j'en conviens...

CLARA

Comment, quelques légers torts ?... Monsieur me dit : « Je vais te conduire au château des Fleurs... nous partons... en route, la pluie nous surprend... et, au lieu de m'offrir un fiacre, vous m'offrez... quoi ?... le passage des Panoramas.

FADINARD, *à part.*

C'est vrai... j'ai été assez canaille pour ça.

CLARA

Une fois là, vous me dites : « Attends-moi, je vais chercher un parapluie... » J'attends, et vous revenez... au bout de six mois... sans parapluie !

FADINARD

Oh ! Clara... tu exagères !... d'abord, il n'y a que cinq mois et demi... quant au parapluie, c'est un oubli... je vais le chercher.

(*Fausse sortie.*)

CLARA

Du tout, du tout... il me faut une explication !

FADINARD, *à part.*

Sapristi ! et ma noce qui drogue à l'heure... dans huit fiacres... (*Haut.*) Clara, ma petite Clara... tu sais si je t'aime.

(*Il l'embrasse.*)

CLARA

Quand je pense que cet être-là avait promis de m'épouser !...

FADINARD, *à part.*

Comme ça se trouve ! (*Haut.*) Mais je te le promets toujours...

CLARA

Oh ! d'abord, si vous en épousiez une autre... je ferais un éclat.

FADINARD

Oh ! oh ! qu'elle est bête !... moi, épouser une autre femme !... mais la preuve, c'est que je te donne ma pratique... (*Changeant de ton.*) Ah !... j'ai besoin d'un chapeau de paille d'Italie... tout de suite... avec des coquelicots.

CLARA

Oui, c'est ça... pour une autre femme !

FADINARD

Oh ! oh ! qu'elle est bête !... un chapeau de paille pour... non, c'est un capitaine de dragons... qui veut faire des traits à son colonel.

CLARA

Hum ! ce n'est pas bien sûr !... mais je vous pardonne... à une condition...

FADINARD

Je l'accepte... dépêchons-nous !

CLARA

C'est que vous dînerez avec moi.

FADINARD

Parbleu !

CLARA

Et vous me conduirez ce soir à l'Ambigu.

FADINARD

Ah ! c'est une bonne idée !... Voilà une bonne idée ! J'ai justement ma soirée libre !... je me disais comme ça : « Mon Dieu ! qu'est-ce que je vais donc faire de ma soirée ?... » Voyons les chapeaux !

CLARA

C'est ici mon salon... venez dans mon magasin et ne faites pas l'œil à mes ouvrières.

(*Elle entre à droite au deuxième plan. Fadinard va pour la suivre. Nonancourt entre.*)

SCÈNE III

FADINARD, NONANCOURT, puis HÉLÈNE, BOBIN, VÉZINET et Gens de la noce des deux sexes.

NONANCOURT, *entrant et tenant un pot de myrte.*

Mon gendre !... tout est rompu !

FADINARD, *à part.*

Pristi ! le beau-père !

NONANCOURT

Où est M. le maire ?

FADINARD

Tout à l'heure... je le cherche... attendez-moi...

(*Il entre vivement à droite, deuxième plan. Hélène, Bobin, Vézinet et les gens de la noce entrent en procession.*)

CHŒUR

Air : *Ne tardons pas.* (*Mariée de Poissy.*)

Parents, amis,
En ce beau jour réunis,
A la mairie
Entrons en cérémonie.

C'est en ces lieux
Que deux cœurs bien amoureux
Vont, des époux,
Prononcer les serments si doux !

NONANCOURT

Enfin, nous voilà à la mairie !... mes enfants, je vous recommande de ne pas faire de bêtises... gardez vos gants ceux qui en ont... quant à moi... (*Secouant son pied. A part.*) Cristi ! il est embêtant, ce myrte !... si j'avais su, je l'aurai laissé dans le fiacre ! (*Haut.*) Je suis très ému... et toi, ma fille ?

HÉLÈNE

Papa, ça me pique toujours dans le dos.

NONANCOURT

Marche, ça la fera descendre.

(*Hélène remonte.*)

BOBIN

Père Nonancourt, déposez votre myrte.

NONANCOURT

Non ! je ne m'en séparerai qu'avec ma fille ! (*A Hélène avec attendrissement.*) Hélène !...

Air de la romance de l'*Amandier*

Le jour même qui te vit naître
J'empotai ce frêle arbrisseau ;
Je le plaçai sur la fenêtre,
Il grandit près de ton berceau,
Il poussa près de ton berceau.
Et, lorsque ta mère nourrice
Te donnait à téter le soir... (*Bis.*)
Je lui rendais le même office
Au moyen... de mon arrosoir.
Oui, je fus sa mère nourrice
Au moyen de mon arrosoir.

(*S'interrompant et secouant son pied.*) Cristi ! (*Remettant le myrte à Bobin.*) Tiens ! prends ça... j'ai une crampe !

VÉZINET

C'est très gentil ici... (*Montrant le comptoir.*) Voilà le prétoire... (*Montrant le livre.*) Le registre de l'état civil... nous allons tous signer là-dessus.

BOBIN

Ceux qui ne savent pas ?

NONANCOURT

Y feront une croix. (*Apercevant la tête en carton.*) Tiens ! tiens ! un buste de femme !... ah ! il n'est pas ressemblant !

BOBIN

Non... celui de Charentonneau est mieux que ça.

HÉLÈNE

Papa, qu'est-ce qu'on va me faire ?

NONANCOURT

Rien, ma fille... tu n'auras qu'à dire : Oui, en baissant les yeux... et tout sera fini.

BOBIN

Tout sera fini !... oh !... (*Passant le myrte à Vézinet.*) Prends ça, j'ai envie de pleurer...

VÉZINET, *qui s'apprêtait à se moucher.*

Avec plaisir... (*A part.*) Diable ! c'est que, moi, j'ai envie de me moucher. (*Remettant le myrte à Nonancourt.*) Tenez, père Nonancourt.

NONANCOURT

Merci ! (*A part.*) Si j'avais su, je l'aurais laissé dans le fiacre.

## SCÈNE IV

### Les Mêmes, TARDIVEAU.

TARDIVEAU, *rentrant tout essoufflé, entre dans le comptoir.*

Dieu ! que j'ai chaud ! (*Il pose sur le comptoir des écharpes tricolores.*) Ma chemise est trempée !

NONANCOURT, *apercevant Tardiveau et les écharpes.*

Hum ! voici monsieur le maire avec son écharpe... gardez vos gants.

BOBIN, *bas.*

Mon oncle, j'en ai perdu un...

NONANCOURT

Mets ta main dans ta poche. (*Bobin met la main gantée dans sa poche.*) Pas celle-là, imbécile.
(*Il les met toutes les deux. Tardiveau a pris un gilet de flanelle sous le comptoir.*)

TARDIVEAU, *à part.*

Enfin, je vais pouvoir changer !

NONANCOURT, *prend Hélène par la main et la présente à Tardiveau.*

Monsieur, voici la mariée... (*Bas.*) Salue !
(*Hélène fait plusieurs révérences.*)

TARDIVEAU, *cachant vivement son gilet de flanelle et à part.*

Qu'est-ce que c'est que ça ?

NONANCOURT

C'est ma fille...

BOBIN

Ma cousine...

NONANCOURT

Je suis son père...

BOBIN

Je suis son cousin.

NONANCOURT

Et voilà nos parents. (*Aux autres.*) Saluez !
(*Toute la noce salue.*)

TARDIVEAU, *rend des saluts à droite et à gauche, à part.*

Ils sont très polis... mais ils vont m'empêcher de changer.

NONANCOURT

Voulez-vous commencer par prendre les noms ?
(*Il pose son myrte sur le comptoir.*)

TARDIVEAU

Volontiers. (*Il ouvre le grand livre et dit à part.*) C'est une noce de campagne qui vient faire des emplettes.

NONANCOURT

Y êtes-vous ? (*Dictant.*) Antoine, Petit-Pierre...

TARDIVEAU

Les prénoms sont inutiles.

NONANCOURT

Ah ! (*Aux gens de la noce.*) A Charentonneau, on les demande.

TARDIVEAU

Dépêchons-nous, monsieur... j'ai extrêmement chaud.

NONANCOURT

Oui. (*Dictant.*) Antoine Voiture, Petit-Pierre, dit Nonancourt. (*S'interrompant.*) Cristi !... Pardonnez à mon émotion... j'ai un soulier qui me blesse... (*Ouvrant ses bras à Hélène.*) Ah ! ma fille...

HÉLÈNE

Ah ! papa, ça me pique toujours.

TARDIVEAU

Monsieur, ne perdons pas de temps. (*A part.*) Bien sûr, je vais attraper une pleurésie. Votre adresse ?

NONANCOURT

Citoyen majeur.

TARDIVEAU

Où demeurez-vous donc ?

NONANCOURT

Pépiniériste.

BOBIN

Membre de la société d'horticulture de Syracuse.

TARDIVEAU

Mais c'est inutile !

NONANCOURT

Né à Grosbois, le 7 décembre nonante-huit.

TARDIVEAU

En voilà assez ! Je ne vous demande pas votre biographie !

NONANCOURT

J'ai fini... (*A part.*) Il est caustique, ce maire. (*A Vézinet.*) A vous.

(*Vézinet ne bouge pas.*)

BOBIN, *le poussant.*

A vous !

VÉZINET, *s'avance majestueusement près du comptoir.*

Monsieur, avant d'accepter la mission de témoin...

TARDIVEAU

Pardon...

VÉZINET, *continuant.*

Je me suis pénétré de mes devoirs...

NONANCOURT, *à part.*

Où diable est passé mon gendre ?

VÉZINET

Il m'a paru qu'un témoin devait réunir trois qualités...

TARDIVEAU

Mais, monsieur...

VÉZINET

La première...

BOBIN, *entr'ouvrant la porte de droite, deuxième plan.*

Ah ! mon oncle ! venez voir.

**NONANCOURT**

Quoi donc ?... (*Regardant et poussant un cri.*) Nom d'un pépin !!! Mon gendre qui embrasse une femme.

**TOUS**

Oh !

(*Rumeur dans la noce.*)

**BOBIN**

Le polisson !

**HÉLÈNE**

C'est affreux !

**NONANCOURT**

Le jour de ses noces !

**VÉZINET**, *qui n'a rien entendu, à Tardiveau.*

La seconde est d'être Français... où tout au moins naturalisé.

**NONANCOURT**, *à Tardiveau.*

Arrêtez !... Ça n'ira pas plus loin !... Je romps tout... Biffez, monsieur, biffez ! (*Tardiveau biffe.*) Je reprends ma fille. — Bobin, je te la donne !

**BOBIN**, *joyeux.*

Ah ! mon oncle !...

## SCÈNE V

### LES MÊMES, FADINARD.

**TOUS**, *en voyant paraître Fadinard.*

Ah ! le voilà !

**CHŒUR — ENSEMBLE**

Air : *C'est vraiment une horreur.*
(*Tentations d'Antoinette*, fin du troisième acte.)

Ah ! vraiment c'est affreux !
C'est un trait scandaleux !
C'est honteux !
Odieux !
Oui, c'est monstrueux !

**FADINARD**

Quel courroux orageux !
Qu'ai-je donc fait d'affreux,
De honteux,
D'odieux,
De si monstrueux ?

Mais qu'est-ce qu'il y a ? Pourquoi avez-vous quitté les fiacres ?

**NONANCOURT**

Mon gendre, tout est rompu !

**FADINARD**

C'est convenu.

**NONANCOURT**

Vous me rappelez les orgies de la Régence ! fi, monsieur fi !

**BOBIN et LES INVITÉS**

Fi ! fi !

**FADINARD**

Mais qu'est-ce que j'ai encore fait ?

**TOUS**

Oh !

**NONANCOURT**

Vous me le demandez ?... Non !... Tu me le demandes ! Quand je viens de te surprendre avec ta Colombine... arlequin !

**FADINARD**, *à part.*

Fichtre ! il m'a vu ! (*Haut.*) Alors, je ne le nierai pas.

TOUS

Ah !

HÉLÈNE, *pleurant.*

Il l'avoue !

BOBIN

Pauvre cousine ! (*Embrassant Hélène.*) Fi, monsieur, fi !

FADINARD

Tenez-vous tranquille, vous !... (*A Bobin, le repoussant.*) On ne marche pas dans les plates-bandes.

BOBIN

C'est ma cousine !

NONANCOURT

C'est permis.

FADINARD

Ah ! c'est permis... Eh bien, cette dame que j'ai embrassée est ma cousine aussi.

TOUS

Ah ! ! !

NONANCOURT

Présentez-la-moi... je vais l'inviter à la noce.

FADINARD, *à part.*

Il ne manquerait plus que ça ! (*Haut.*) C'est inutile... elle n'accepterait pas... elle est en deuil.

NONANCOURT

En robe rose ?

FADINARD

Oui, c'est de son mari.

NONANCOURT

Ah ! (*A Tardiveau.*) Monsieur, je renoue ! Bobin, je te la retire.

BOBIN, *vexé, à part.*

Vieux tourniquet !

NONANCOURT

Nous pouvons commencer... (*Aux autres.*) Prenons place.

(*Toute la noce s'assied à droite, en face de Tardiveau.*)

FADINARD, *à l'extrême gauche, sur le devant, à part.*

Que diable font-ils là ?

TARDIVEAU, *quittant son grand livre et allant prendre son gilet de flanelle à l'extrémité du comptoir, à part.*

Non ! je ne veux pas rester comme ça...

NONANCOURT, *à la noce.*

Eh bien, il s'en va ?... Il paraît que ce n'est pas ici qu'on marie.

TARDIVEAU, *son gilet de flanelle à la main, à part.*

Il faut absolument que je change.

(*Il sort du comptoir, par l'avant-scène.*)

NONANCOURT, *à la noce.*

Suivons M. le maire !

(*Il prend son myrte sur le comptoir, et passe dans le comptoir en suivant Tardiceau. Toute la noce suit Nonancourt à la file ; Bobin prend le registre, Vézinet, l'écharpe ; d'autres l'encrier, la plume, la règle. Nonancourt donne le bras à sa fille. Tardiveau, se voyant suivi, ne sait ce que cela signifie, et sort précipitamment par la droite, premier plan.*)

### CHŒUR

Air : *Vite ! que l'on se rende. (Tentations d'Antoinette.)*

Puisque ce dignitaire
Daigne guider nos pas,
Suivons monsieur le maire
Et ne le quittons pas !

## SCÈNE VI

FADINARD, puis CLARA.

### FADINARD, *seul.*

Qu'est-ce qu'ils font ?... où vont-ils ?

CLARA, *entrant par la droite, deuxième plan.*

Monsieur Fadinard !

### FADINARD

Ah ! Clara !...

### CLARA

Dites donc... voici votre échantillon... Je n'ai rien de pareil à ça.

### FADINARD

Comment !

### CLARA

C'est une paille très fine... qui n'est pas dans le commerce... Oh ! vous n'en trouverez nulle part, allez !
(*Elle lui rend le fragment de chapeau.*)

### FADINARD, *à part.*

Sapristi ! me voilà bien !

### CLARA

Si vous voulez attendre quinze jours, je vous en ferai venir un de Florence ?

### FADINARD

Quinze jours !... Petite bûche !

### CLARA

Je n'en connais qu'un semblable à Paris.

### FADINARD, *vivement.*

Je l'achète !

### CLARA

Oui, mais il n'est pas à vendre... Je l'ai monté, il y a huit jours, pour M$^{me}$ la baronne de Champigny.
(*Clara s'approche du comptoir et range dans le magasin.*)

### FADINARD, *à part, se promenant.*

Une baronne !... Je ne peux pas me présenter chez elle et lui dire : « Madame, combien le chapeau ?... » Ma foi, tant pis pour ce monsieur et cette dame !... je vais d'abord me marier, et après...

## SCÈNE VII

LES MÊMES, TARDIVEAU, TOUTE LA NOCE.

### TARDIVEAU

(*Il entre très effaré par la porte du fond, il tient son gilet de flanelle à la main.*)

Dieu ! que j'ai chaud !

— Mon gendre, dit Nonancourt sur le seuil de la porte, mon gendre, tout est rompu !

Le jeune marié s'était précipité en hâte chez la première modiste.

VII.

*Malgré les tribulations et les inquiétudes de Fadinard, la cérémonie du mariage avait eu lieu.*

XI

— *Vous prenez un bain de pieds? Ne vous dérangez pas... je n'ai que peu de choses à vous dire.*

Photo-Film : Albatros.

(*Au même instant, toute la noce débouche à sa suite. Nonancourt avec son myrte, Bobin portant le registre et Vézinet l'écharpe. Tardiveau, en les voyant, reprend sa course et entre à gauche.*)

MÊME CŒUR QUE CI-DESSUS

Puisque ce dignitaire,
Etc.

CLARA, *stupéfaite.*

Qu'est-ce que c'est que ça ?

(*Elle entre à gauche.*)

FADINARD

Quel commerce font-ils là ?... Père Nonancourt !

(*Il va suivre la noce, lorsqu'il est arrêté par Félix qui entre vivement, par le fond.*)

SCÈNE VIII

FADINARD, FÉLIX, puis CLARA.

FÉLIX

Monsieur, je viens de la maison.

FADINARD, *vivement.*

Eh bien, ce militaire ?...

FÉLIX

Il jure... il grince... il casse les chaises...

FADINARD

Sapristi !

FÉLIX

Il dit que vous le faites poser... que vous deviez être de retour dans dix minutes...
mais qu'il vous repincera tôt ou tard quand vous rentrerez...

FADINARD

Félix, tu es mon domestique, je t'ordonne de le flanquer par la fenêtre.

FÉLIX

Il ne s'y prêterait pas.

FADINARD, *vivement.*

Et la dame ?... la dame ?...

FÉLIX

Elle a des attaques de nerfs... elle se roule... elle pleure !

FADINARD

Ça séchera.

FÉLIX

Alors, on a envoyé chercher le médecin, il l'a fait mettre au lit et il ne la quitte pas.

FADINARD, *criant.*

Au lit ?... où ça, au lit ?... dans quel lit ?

FÉLIX

Dans le vôtre, monsieur !

FADINARD, *avec force.*

Profanation !... je ne veux pas !... la couche de mon Hélène... que je n'osais pas même étrenner de mon regard !... et voilà une dame qui vient y rouler ses nerfs !... Va, cours... fais-la lever... tire les couvertures...

FÉLIX

Mais, monsieur...

FADINARD

Dis-leur que j'ai trouvé l'objet... que je suis sur la piste !...

#### FÉLIX

Quel objet ?

#### FADINARD, *le poussant.*

Va donc, animal !... (*A lui-même.*) Il n'y a plus à hésiter... Une malade chez moi, un médecin !... il me faut ce chapeau à tout prix !... dussé-je le conquérir sur une tête couronnée... ou au sommet de l'obélisque !... Oui, mais... qu'est-ce que je vais faire de ma noce ?... Une idée !... si je les introduisais dans la colonne !... C'est ça... je dirai au gardien : « Je retiens le monument pour douze heures ; ne laissez sortir personne !... » (*A Clara qui rentre étonnée par la gauche, en regardant à la cantonade. — La ramenant vivement sur le devant.*) Clara !... vite !... où demeure-t-elle ?

#### CLARA

Qui ça ?

#### FADINARD

Ta baronne !

#### CLARA

Quelle baronne ?

#### FADINARD

La baronne au chapeau, crétine !..

#### CLARA, *se révoltant.*

Ah ! mais, dites donc !...

#### FADINARD

Non !... cher ange !... je voulais dire : cher ange !... Donne-moi son adresse.

#### CLARA

M. Tardiveau va vous y conduire... le voici... Mais, vous m'épouserez ?...

#### FADINARD.

Parbleu !...

### SCÈNE IX

FADINARD, CLARA, TARDIVEAU, puis TOUTE LA NOCE.

TARDIVEAU, *entrant par la gauche, et de plus en plus effaré.*

Mais qu'est-ce que c'est que ces gens-là ?... Pourquoi diable me suivent-ils ?... Impossible de changer !...

#### CLARA

Vite, conduisez Monsieur chez la baronne de Champigny.

#### TARDIVEAU

Mais, madame.

#### FADINARD

Dépêchons-nous... c'est pressé !... (*A Tardiveau.*) J'ai huit fiacres... prenez le premier.

(*Il l'entraîne par le fond. Toute la noce débouche par la gauche et s'élance à la suite de Tardiveau et de Fadinard.*)

MÊME CHŒUR QUE LE PRÉCÉDENT

Puisque ce dignitaire,
Etc.

(*Clara, voyant emporter son grand livre, veut le retenir, le rideau tombe.*)

## ACTE TROISIÈME

Le théâtre représente un riche salon. — Trois portes au fond s'ouvrant sur la salle à manger. — A gauche, une porte conduisant dans les autres pièces de l'appartement. — Sur le devant, une causeuse. — A droite, porte principale d'entrée ; plus loin, une porte de cabinet. — Sur le devant, adossé à la cloison, un piano ; ameublement somptueux.

### SCÈNE PREMIÈRE

LA BARONNE DE CHAMPIGNY, ACHILLE DE ROSALBA.

(*Au lever du rideau, les trois portes du fond sont ouvertes, on aperçoit une table splendidement servie.*)

ACHILLE, *entrant par la droite et regardant dans la coulisse.*

Charmant ! ravissant !... c'est décoré avec un goût !... (*Regardant au fond.*) Et par ici... une table servie !...

LA BARONNE, *entrant par la gauche.*

Curieux !...

ACHILLE

Ah çà ! ma chère cousine... vous nous invitez à une matinée musicale, et je vois les préparatifs d'un souper... Qu'est-ce que cela signifie ?

LA BARONNE

Cela signifie, mon cher vicomte, que j'ai l'intention de garder mes invités le plus longtemps possible... Après le concert, on dînera, et, après le dîner, on dansera... Voilà le programme.

ACHILLE

Je m'y conformerai... Est-ce que vous avez beaucoup de chanteurs ?

LA BARONNE

Oui ; pourquoi ?

ACHILLE

C'est que je vous aurais priée de me conserver une petite place... j'ai composé une romance...

LA BARONNE, *à part.*

Aïe !...

ACHILLE

Le titre est délicieux : *Brise du soir !*

LA BARONNE

C'est neuf surtout.

ACHILLE

Quant à l'idée... c'est plein de fraîcheur... on fait les foins... un jeune pâtre est assis dans la prairie...

LA BARONNE

Certainement... c'est très gentil... en famille.. pendant qu'on fait le whist... Mais, aujourd'hui, mon cousin... place aux artistes !... Nous aurons les premiers talents, et, parmi eux, le chanteur à la mode, le fameux Nisnardi de Bologne.

ACHILLE

Nisnardi !... Qu'est-ce que c'est que ça ?

LA BARONNE

Un ténor, arrivé depuis huit jours à Paris, et qui est déjà célèbre... on se l'arrache.

ACHILLE

Je ne le connais pas.

LA BARONNE

Ni moi... mais j'y tenais... je lui ai fait offrir trois mille francs pour chanter deux morceaux...

ACHILLE

Prenez *Brise du soir*... pour rien !

LA BARONNE, *souriant*.

C'est trop cher... Ce matin, j'ai reçu la réponse du signore Nisnardi... la voici !...

ACHILLE

Ah ! un autographe... voyons !...

LA BARONNE, *lisant*.

« Madame, vous me demandez deux morceaux, j'en chanterai trois... Vous m'offrez mille écus, ce n'est pas assez... »

ACHILLE

Mazette !...

LA BARONNE, *continuant*.

« Je n'accepterai qu'une fleur de votre bouquet. »

ACHILLE

Ah !... c'est délicat !... c'est... tiens ! j'en ferai une romance !...

LA BARONNE

C'est un homme charmant !... Jeudi dernier, il a chanté chez la comtesse de Bray... qui a de si jolis pieds... vous savez ?...

ACHILLE

Oui... Eh bien !...

LA BARONNE

Devinez ce qu'il a demandé ?

ACHILLE

Dame ! je ne sais pas... un pot de giroflées ?

LA BARONNE

Non... un soulier de bal !

ACHILLE

Un soulier !... Ah ! voilà un original !

LA BARONNE

Il est plein de fantaisies.

ACHILLE

Après ça... tant qu'elles ne passeront pas la cheville...

LA BARONNE

Vicomte !...

ACHILLE

Dame ! écoutez donc !... un ténor !...
(*On entend le bruit de plusieurs voitures.*)

LA BARONNE

Ah ! mon Dieu !... seraient-ce déjà mes invités ?... Mon cousin, veuillez me remplacer, je ne serai pas longtemps.

(*Elle sort par la gauche.*)

SCÈNE II

ACHILLE, puis UN DOMESTIQUE.

ACHILLE, *à la baronne qui sort.*

Soyez tranquille, belle cousine... comptez sur moi.

UN DOMESTIQUE, *entrant par la droite.*

Il y a là un monsieur qui demande à parler à Madame la baronne de Champigny.

ACHILLE

Son nom ?

LE DOMESTIQUE

Il n'a pas voulu le donner... Il dit que c'est lui qui a eu l'honneur d'écrire ce matin à Madame la baronne.

ACHILLE, *à part.*

Ah ! j'y suis... le chanteur, l'homme au soulier, je suis curieux de le voir... Diable !... il est exact... On voit bien que c'est un étranger... N'importe !... un homme qui refuse trois mille francs, on doit le combler d'égards... (*Au domestique.*) Faites entrer... (*A part.*) D'ailleurs, c'est un musicien, un confrère...

SCÈNE II

FADINARD, ACHILLE.

FADINARD, *paraissant à droite, très timidement.*

Pardon, monsieur !...

(*Le domestique sort.*)

ACHILLE

Entrez donc, mon cher, entrez donc !...

FADINARD, *embarrassé et s'avançant avec force saluts.*

Je vous remercie... j'étais bien là... (*Il met son chapeau sur sa tête et l'ôte vivement.*) Ah !... (*A part.*) Je ne sais plus ce que je fais... ces domestiques... ce salon doré... (*Indiquant la droite.*) ces grands portraits de famille qui avaient l'air de me dire : « Veux-tu t'en aller ! nous ne vendons pas de chapeaux !... » Tout ça m'a donné un trac !...

ACHILLE, *le lorgnant, à part.*

Il a bien l'air d'un Italien !... Quel drôle de gilet !... (*Il rit en le lorgnant.*) Eh ! eh ! eh !

FADINARD, *lui faisant plusieurs saluts.*

Monsieur... j'ai bien l'honneur... de vous saluer... (*A part.*) C'est quelque majordome !...

ACHILLE

Asseyez-vous donc !...

FADINARD

Non, merci... je suis trop fatigué... c'est-à-dire... je suis venu en fiacre...

ACHILLE, *riant.*

En fiacre ?... c'est charmant !

FADINARD

C'est plus dur... que charmant.

ACHILLE

Nous parlions de vous à l'instant !... Ah ! mon gaillard ! Il paraît que vous aimez les petits pieds ?...

FADINARD, *étonné.*

Aux truffes ?...

ACHILLE

Ah ! très joli !... C'est égal, votre histoire de soulier est adorable... adorable !...

FADINARD, *à part.*

Ah çà ! qu'est-ce qu'il me chante ?... (*Haut.*) Pardon... s'il n'y a pas d'indiscrétion, je désirerais parler à M<sup>me</sup> la baronne...

ACHILLE

C'est prodigieux, mon cher... vous n'avez pas le moindre accent...

FADINARD

Oh ! vous me flattez...

ACHILLE

Ma parole ! vous seriez de Nanterre...

FADINARD, *à part.*

Ah çà ! qu'est-ce qu'il me chante ?... (*Haut.*) Pardon... s'il n'y a pas d'indiscrétion, je désirerais parler...

ACHILLE

A M<sup>me</sup> de Champigny ?... Elle va venir, elle est à sa toilette... et je suis chargé de la remplacer, moi, son cousin, le vicomte Achille de Rosalba.

FADINARD, *à part.*

Un vicomte !... (*Il lui fait plusieurs saluts, à part.*) Je n'oserai jamais marchander un chapeau de paille à ces gens-là !...

ACHILLE, *l'appelant.*

Dites donc ?...

FADINARD, *allant à lui.*

Monsieur le vicomte ?...

ACHILLE, *s'appuyant sur son épaule.*

Qu'est-ce que vous penseriez d'une romance intitulée : *Brise du soir ?*

FADINARD

Moi ?... mais... Et vous ?

ACHILLE

C'est plein de fraîcheur... On fait les foins... un jeune pâtre...

FADINARD, *retirant son épaule de dessous le bras d'Achille.*

Pardon... s'il n'y a pas d'indiscrétion, je désirerais parler...

ACHILLE

C'est juste... Je cours la prévenir... Enchanté, mon cher, d'avoir fait votre connaissance...

FADINARD

Oh ! monsieur le vicomte !... c'est moi... qui...

ACHILLE, *sortant.*

C'est qu'il n'a pas le moindre accent... pas le moindre !...

(*Il sort à gauche.*)


SCÈNE IV

FADINARD, seul.

Enfin, me voici chez la baronne !... Elle est prévenue de ma visite ; en sortant de chez Clara, la modiste, je lui ai vite écrit un billet pour lui demander une audience... Je lui ai tout raconté, et j'ai fini par cette phrase que je crois pathétique : « Madame, deux têtes sont attachées à votre chapeau... rappelez-vous que le dévouement est la plus belle coiffure d'une femme !... » Je crois que ça fera bien, et j'ai signé : *le comte de Fadinard*. Ça ne fera pas mal non plus... parce qu'une baronne... Sapristi ! elle met le temps à sa toilette !... et ma diable de noce qui est toujours là, en bas. C'est qu'il n'y a pas à dire, ils ne veulent pas me lâcher... depuis ce matin, je suis dans la situation d'un homme qui se serait posé une place de fiacres... pas sur l'estomac !... c'est très incommode... pour aller dans le monde... sans compter le beau-père... mon porc-épic... qui a toujours le nez à la portière pour me crier : « Mon gendre, êtes-vous bien ?... Mon gendre, quel est ce monument ?... Mon gendre, où allons-nous ?... » Alors, pour m'en débarrasser, je lui ai répondu : « Au *Veau qui tette !*... » et ils se croient dans la cour de cet établissement ; mais j'ai recommandé aux cochers de ne laisser monter personne... Je n'éprouve pas le besoin de présenter ma famille à la baronne... Sapristi ! elle met le temps à sa toilette !... si elle savait que j'ai chez moi deux enragés qui disloquent mes meubles... et que, ce soir peut-être, je n'aurai pas même une chaise à offrir à ma femme... pour reposer sa tête... Oui, à ma femme !... Ah ! tiens ! je ne vous ai pas dit... un détail !... je suis marié !... c'est fini !... Que voulez-vous !... le beau-père écumait... sa fille pleurait et Bobin m'embrassait... Alors, j'ai profité d'un embarras de voiture pour entrer à la mairie et, de là, à l'église... Pauvre Hélène !... si vous l'aviez vue avec son air de colombe !... (*Changeant de ton.*) Ah ! sapristi ! elle met le temps à sa toilette !... Ah ! la voici !...


SCÈNE V

FADINARD, LA BARONNE.

LA BARONNE, *entrant par la gauche, en toilette de bal et avec un bouquet.*

Mille pardons, cher monsieur, de vous avoir fait attendre...

FADINARD

C'est moi, madame, qui suis confus...

(*Dans son trouble, il remet son chapeau sur sa tête et l'ôte vivement, à part.*) Bien ! voilà mon trac qui me reprend.

LA BARONNE

Je vous remercie d'être venu de bonne heure... nous pourrons causer... Vous n'avez pas froid ?

FADINARD, *s'essuyant le front.*

Merci... je suis venu en fiacre...

LA BARONNE

Ah ! dame ! il y a une chose que je ne puis pas vous donner... c'est le ciel de l'Italie.

FADINARD

Ah ! madame !... d'abord, je ne l'accepterais pas... ça me gênerait... et puis, ce n'est pas là ce que je suis venu chercher...

LA BARONNE

Je le pense bien... Quel magnifique pays que l'Italie !

FADINARD

Ah ! oui... (*A part.*) Qu'est-ce qu'elle a donc à parler de l'Italie ?

LA BARONNE

Air de la *Fée aux roses.*

Le souvenir retrace à mon âme charmée
Ses palais somptueux, ses monts et ses coteaux...

FADINARD, *comme pour lui rappeler le but de sa visite.*

Et ses chapeaux !

LA BARONNE

Et ses bois d'orangers où la brise embaumée
Mêle des chants d'amour aux chansons des oiseaux ;
Son golfe aux tièdes eaux
Berçant mille vaisseaux !
Et ses blés d'or si beaux...

FADINARD, *de même.*

Dont on fait de très jolis chapeaux...
Que mangent les chevaux.

LA BARONNE, *étonnée.*

Comment ?

FADINARD, *un peu ému.*

Madame la baronne a sans doute reçu le billet que je lui ai fait l'honneur... non ! que je me suis fait l'honneur... c'est-à-dire que j'ai eu l'honneur de lui écrire ?...

LA BARONNE

Certainement... c'est d'une délicatesse...

(*Elle s'assied sur la causeuse et fait signe à Fadinard de prendre une chaise.*)

FADINARD

Vous avez dû me trouver bien indiscret.

LA BARONNE

Du tout.

FADINARD, *s'asseyant sur une chaise, près de la baronne.*

Je demanderai à Madame la baronne la permission de lui rappeler... que le dévouement est la plus belle coiffure d'une femme.

LA BARONNE, *étonnée.*

Plaît-il ?

FADINARD

Je dis... le dévouement est la plus belle coiffure d'une femme.

LA BARONNE

Sans doute. (*A part.*) Qu'est-ce que cela veut dire ?

FADINARD, *à part.*

Elle a compris... elle va me remettre le chapeau...

LA BARONNE

Convenez que c'est une belle chose que la musique !...

FADINARD

Hein ?

LA BARONNE

Quelle langue ! quel feu ! quelle passion !

FADINARD, *se montant à froid.*

Oh ! ne m'en parlez pas ! la musique !... la musique !... la musique ! ! ! (*A part.*) Elle va me remettre le chapeau.

LA BARONNE

Pourquoi ne faites-vous pas travailler Rossini, vous ?

FADINARD

Moi ? (*A part.*) Elle a une conversation très décousue, cette femme-là ! (*Haut.*) Je rappellerai à Madame la baronne que j'ai eu l'honneur de lui écrire un billet...

LA BARONNE

Un billet délicieux, et que je garderai toujours !... croyez-le bien... toujours... toujours !

FADINARD, *à part.*

Comment ! voilà tout ?

LA BARONNE

Qu'est-ce que vous pensez d'Alboni ?

FADINARD

Rien du tout !.. mais je ferai observer à Madame la baronne... que, dans ce billet, je lui demandais...

LA BARONNE

Ah ! folle que je suis ! (*Regardant son bouquet.*) Vous y tenez donc beaucoup ?

FADINARD, *se levant, et avec force.*

Si j'y tiens !... Comme l'Arabe à son coursier !

LA BARONNE, *se levant.*

Oh ! oh ! quelle chaleur méridionale ! (*Elle se dirige vers le piano pour détacher une fleur de son bouquet.*) Il y aurait de la cruauté à vous faire attendre plus longtemps...

FADINARD, *sur le devant de la scène, à part.*

Enfin, je vais le tenir, ce malheureux chapeau ! Je pourrai rentrer chez moi... (*Tirant sa bourse.*) Il s'agit maintenant... Dois-je marchander ?... Non ! une baronne !... ne soyons pas crasseux !

LA BARONNE, *lui remettant gracieusement une fleur.*

Voici, monsieur, je paye comptant.

FADINARD, *prenant la fleur avec stupéfaction.*

Qu'est-ce que c'est que ça ?... Un œillet d'Inde ! ! ! Ah çà ! elle n'a donc pas reçu ma lettre ?... Je porterai plainte contre le facteur !...

SCÈNE VI

FADINARD, LA BARONNE.
INVITÉS DES DEUX SEXES

(*Les invités entrent par la droite.*)

## CHŒUR

Air de *Nargeot*.

### LES INVITÉS

Quel plaisir
De venir
Chez l'amie
Qui nous convie.
Heureux jours
Qui toujours
Auprès d'elle semblent trop courts.

### LA BARONNE

De remplir
Son désir.
Votre amie
Vous remercie.
Heureux jours
Qui toujours
Près de vous me semblent trop courts.
Je vous ai promis
Un chanteur exquis,
Saluez, voici
Le fameux Nisnardi.

### FADINARD, *à part*.

Qui, moi, Nisnardi !
Que diable est ceci ?

### LA BARONNE

Rival du grand Rubini !

### FADINARD

Mais non !... quelle erreur !

### LA BARONNE, *souriant*.

Taisez-vous, monsieur !
De Bologne les bravos
Ont des échos.

### FADINARD, *à part*.

Pour rester ici,
Soyons Nisnardi
Au lieu de Fadinardi.

(*Parlé.*) Je ne le nierai pas, mesdames... je suis Nisnardi ! le grand Nisnardi !... (*A part.*) Sans ça, on me flanquerait à la porte.

TOUS, *saluant*.

Signore !...

### LA BARONNE

En attendant que nous soyons tous réunis pour applaudir le rossignol de Bologne... si ces dames voulaient faire un tour dans les jardins...

(*Reprise.*)

### LES INVITÉS

Quel plaisir,
Etc.

### LA BARONNE

De remplir,
Etc.

### FADINARD

Quel plaisir
De courir
Après des pailles d'Italie !
Le jour
Qu'on se marie
Et qu'on se doit tout à l'amour !

### FADINARD, *à part*.

Au fait, c'est peut-être un moyen. (*Allant à la baronne, qui allait sortir avec ses invités par la gauche.*) Pardon, madame la baronne... j'aurais une petite prière à vous adresser... mais je n'ose...

## SCÈNE VI

### FADINARD,
LA BARONNE, puis UNE FEMME DE CHAMBRE.

### LA BARONNE

Parlez ! vous savez que je n'ai rien à refuser au signore Nisnardi.

#### FADINARD

C'est que... ma demande va vous paraître bien fantasque... bien folle...

#### LA BARONNE, *à part.*

Ah ! mon Dieu, je crois qu'il a regardé mes souliers !...

#### FADINARD

Entre nous, voyez-vous, je suis un drôle de corps... Vous savez... les artistes !... et il me passe par la tête mille fantaisies.

#### LA BARONNE

Je le sais.

#### FADINARD

Ah ! tant mieux !... et quand on refuse de les satisfaire... ça me prend ici... à la gorge... je parle comme ça... (*simulant l'extinction de voix.*) Impossible de chanter !...

#### LA BARONNE, *à part.*

Ah ! mon Dieu ! et mon concert ! (*Haut.*) Parlez, monsieur, que vous faut-il ? que désirez-vous ?

#### FADINARD

Ah ! voilà !... c'est très difficile à demander...

#### LA BARONNE, *à part.*

Il me fait peur... il ne regarde plus mes souliers.

#### FADINARD

Je sens que, si vous ne m'encouragez pas un peu... c'est tellement en dehors des usages...

#### LA BARONNE, *vivement.*

Mon bouquet, peut-être ?

#### FADINARD

Non, ce n'est pas cela... c'est infiniment plus excentrique...

#### LA BARONNE, *à part.*

Comme il me regarde !... Je suis presque fâchée de l'avoir annoncé à mes invités.

#### FADINARD

Mon Dieu ! que vous avez donc de jolis cheveux !

#### LA BARONNE, *se reculant vivement et à part.*

Des cheveux !... par exemple !

#### FADINARD

Ils me rappellent un délicieux chapeau que vous portiez hier...

#### LA BARONNE

A Chantilly ?...

#### FADINARD, *vivement.*

Précisément... Ah ! le délicieux chapeau ! le ravissant chapeau !

#### LA BARONNE

Comment, monsieur... c'est cela ?

#### FADINARD, *avec feu.*

Air : *Quand les oiseaux.*

Oui, je n'osais pas vous le dire !...
Mais, enfin, le mot est lâché !
Après ce chapeau je soupire,
Mon bonheur s'y trouve... accroché.
Sous cette coiffure jolie
Mon œil ébloui rencontra
Les traits divins que voilà ;
Et je me dis : « Si, pour la vie
L'image doit m'être ravie...
Le cadre au moins me restera !
(*A part.*)
Quel plat madrigal je fais là !
(*Haut.*)
Oui, le cadre me restera !

LA BARONNE, *éclatant de rire.*

Ha ! ha ! ha !

FADINARD, *riant aussi.*

Ha ! ha ! (*A part, sérieux.*) Je l'aurai !

LA BARONNE

Je comprends... c'est pour faire pendant au soulier.

FADINARD

Quel soulier ?

LA BARONNE, *riant aux éclats.*

Ha ! ha ! ha !

FADINARD, *riant.*

Ha ! ha ! ha ! (*A part, sérieux.*) Quel soulier ?

LA BARONNE, *tout en riant.*

Soyez tranquille, monsieur... ce chapeau...

FADINARD

Ah !

LA BARONNE

Demain... je vous l'enverrai...

FADINARD

Non, tout de suite... tout de suite !

LA BARONNE

Mais cependant...

FADINARD, *reprenant son extinction de voix.*

Tenez... entendez-vous ?... ma voix... je l'ai dans les talons... Hoû ! hoû !

LA BARONNE, *agitant vivement une sonnette.*

Ah ! mon Dieu ! Clotilde ! Clotilde !...

(*Une femme de chambre paraît à droite, la baronne lui dit vivement un mot à l'oreille; elle sort.*) Dans cinq minutes, vous serez satisfait... (*Riant.*) Je vous demande pardon... Ha ! ha !... Mais un chapeau !... c'est si original !... Ha ! ha ! ha !

(*Elle sort à gauche, en riant.*)

## SCÈNE VIII

FADINARD, puis NONANCOURT, puis UN DOMESTIQUE.

FADINARD, *seul.*

Dans cinq minutes, j'aurai décampé avec le chapeau... je laisserai ma bourse en paiement. (*Riant.*) Ha ! ha !... je pense au père Nonancourt... doit-il rager dans son fiacre !

NONANCOURT *paraît à la porte de la salle à manger ; il a une serviette à la boutonnière et des rubans de diverses couleurs au revers de son habit.*

Où diable est donc passé mon gendre ?...

FADINARD

Le beau-père !

NONANCOURT, *un peu gris.*

Mon gendre, tout est rompu !

FADINARD, *se retournant.*

Hein ?... vous ! Qu'est-ce que vous faites là ?

NONANCOURT

Nous dînons.

#### FADINARD

Où ça ?

#### NONANCOURT

Là !

#### FADINARD, *à part*.

Sapristi ! le dîner de la baronne !

#### NONANCOURT

Satané *Veau qui tette !*... quelle crâne maison !... j'y reviendrai quelquefois !

#### FADINARD

Permettez !...

#### NONANCOURT

Mais c'est égal, votre conduite est celle d'un pas grand'chose !

#### FADINARD

Beau-père !...

#### NONANCOURT

Abandonner votre femme le jour de la noce, la laisser dîner sans vous !...

#### FADINARD

Et les autres ?

#### NONANCOURT

Ils dévorent !

#### FADINARD

Me voilà bien !... je sens une sueur froide...

(*Il arrache la serviette à Nonancourt et s'en essuie le front.*)

#### NONANCOURT

Je ne sais pas ce que j'ai... je crois que je suis un peu pochard...

#### FADINARD

Allons, bien !... Et les autres ?

#### NONANCOURT

Ils sont comme moi... Bobin s'est jeté par terre en allant chercher la jarretière... Nous avons ri !... (*Secouant son pied.*) Cristi !

#### FADINARD, *à part, mettant la serviette dans sa poche.*

Que va dire la baronne ?... Et ce chapeau qui n'arrive pas !... Si je l'avais, je décamperais...

#### CRIS, *dans la salle à manger.*

Vive la mariée ! vive la mariée !

#### FADINARD, *remontant au fond.*

Voulez-vous vous taire ! voulez-vous vous taire !

#### NONANCOURT, *assis sur la causeuse.*

Je ne sais pas ce que j'ai fait de mon myrte... Fadinard ?

#### FADINARD, *revenant à Nonancourt.*

Vous... rentrez... vite !

(*Il veut le faire lever.*)

#### NONANCOURT, *résistant.*

Non... je l'ai empoté le jour de sa naissance...

#### FADINARD

Oui... vous le retrouverez... il est dans le fiacre.

(*Un domestique, venant de la droite, a traversé la scène avec un candélabre non allumé ; il ouvre la porte du fond et pousse un cri en apercevant la Noce à table.*)

LE DOMESTIQUE

Ah !

FADINARD

Tout est perdu ! (*Il lâche Nonancourt, qui retombe assis sur la causeuse ; il saute à la gorge du domestique et lui arrache son candélabre.*) Silence !... tais-toi ! (*Il le pousse dans un cabinet à droite et l'enferme.*) Si tu bouges, je te jette par la fenêtre.

(*La baronne paraît par la gauche.*)

SCÈNE IX

FADINARD, NONANCOURT, LA BARONNE.

FADINARD, *tenant le candélabre.*

La baronne !

LA BARONNE, *à Fadinard.*

Que faites-vous donc, avec ce candélabre ?

FADINARD

Moi ?... je... cherche mon mouchoir... que j'ai perdu...

(*Il se retourne comme pour chercher, on voit son mouchoir à moitié sorti de sa poche.*)

LA BARONNE, *riant.*

Mais... vous l'avez dans votre poche...

FADINARD

Tiens ! c'est vrai... il était dans ma poche.

LA BARONNE

Eh bien, monsieur... vous a-t-on remis ce que vous désirez ?...

FADINARD, *se plaçant devant Nonancourt pour le cacher.*

Pas encore, madame... pas encore ! et... je suis pressé !...

NONANCOURT, *à lui-même, se levant.*

Je ne sais pas ce que j'ai... Je crois que je suis un peu pochard.

LA BARONNE, *indiquant Nonancourt.*

Quel est ce monsieur ?

FADINARD

C'est mon... Monsieur m'accompagne... (*Il lui donne machinalement le flambeau. Nonancourt le met dans son bras, comme s'il tenait son myrte.*)

LA BARONNE, *à Nonancourt.*

Mon compliment... C'est un talent, monsieur, que de bien accompagner...

FADINARD, *à part.*

Elle le prend pour un musicien.

NONANCOURT

Salut, madame et la compagnie... (*A part.*) C'est une belle femme ! (*Bas, à Fadinard.*) Elle est de la noce ?

FADINARD, *à part.*

S'il parle, je suis perdu... Et le chapeau qui ne vient pas !

LA BARONNE, *à Nonancourt.*

Monsieur est Italien ?

NONANCOURT

Je suis de Charentonneau...

FADINARD

Oui... un petit village... près d'Albano.

NONANCOURT

Figurez-vous, madame, que j'ai perdu mon myrte.

LA BARONNE

Quel myrte ?

FADINARD

Une romance... *le Myrte*... c'est très gracieux !

LA BARONNE, *à Nonancourt.*

Si Monsieur désire essayer le piano ?... C'est un pleyel.

NONANCOURT

Comment que vous dites ?

FADINARD

Non... c'est inutile...

LA BARONNE, *apercevant les rubans à la boutonnière de Nonancourt.*

Tiens... ces rubans ?...

FADINARD

Oui... une décoration.

NONANCOURT

La jarretière !

FADINARD

C'est ça... l'ordre de la jarretière de... Santo-Campo, Piétro-Néro... (*A part.*) Dieu ! que j'ai chaud !

LA BARONNE

Ah ! ce n'est pas joli... J'espère, messieurs, que vous nous ferez l'honneur de dîner avec nous ?

NONANCOURT

Comment donc, madame !... demain !... Pour aujourd'hui, j'ai ma suffisance...

LA BARONNE, *riant.*

Tant pis !... (*A Fadinard.*) Je vais chercher nos invités, qui meurent d'impatience de vous entendre...

FADINARD

Trop bons !...

NONANCOURT, *à part.*

Encore des invités !... Quelle crâne noce !...

LA BARONNE, *à Nonancourt.*

Votre bras, monsieur ?

FADINARD, *à part.*

— Oh ! me voilà gentil !

NONANCOURT, *passant son candélabre au bras gauche et offrant le droit à la baronne, tout en l'emmenant.*

Figurez-vous, madame, que j'ai perdu mon myrte...

(*La baronne et Nonancourt entrent à gauche, Nonancourt tenant toujours le candélabre*).

## SCÈNE X

FADINARD, puis UNE FEMME DE CHAMBRE, avec un chapeau de femme dans un foulard, puis BOBIN.

FADINARD, *tombant sur un fauteuil.*

Patras ! On va nous flanquer tous par la fenêtre !...

LA FEMME DE CHAMBRE, *entrant.*

Monsieur, voilà le chapeau.

FADINARD, *se levant.*

Le chapeau ! le chapeau ! (*Il prend le chapeau en embrassant la bonne.*) Tiens ! voilà pour toi... et ma bourse !

LA BONNE, *à part.*

Qu'est-ce qu'il a donc ?

FADINARD, *tout en ouvrant le foulard.*

Enfin, je le tiens ! (*Il tire un chapeau noir.*) Un chapeau noir... en crêpe de Chine ! (*Il le foule aux pieds. Ramenant la bonne qui sortait.*) Arrive ici, petite malheureuse !... L'autre ? l'autre ?... réponds !

LA BONNE, *effrayée.*

Ne me faites pas de mal, monsieur !

FADINARD

Le chapeau de paille d'Italie, où est-il ? Je le veux !

LA BONNE

Madame en a fait cadeau à sa filleule, M<sup>me</sup> de Beauperthuis.

FADINARD

Mille tonnerres ! C'est à recommencer !... Où demeure-t-elle ?

LA BONNE

12, rue Ménars.

FADINARD

C'est bien... va-t'en... tu m'agaces.. (*La bonne ramasse le chapeau et se sauve.*) Ce que j'ai de mieux à faire... c'est de filer... La Noce et le beau-père s'arrangeront avec la baronne...

(*Il va pour sortir à droite.*)

BOBIN, *passant sa tête à la porte de la salle à manger.*

Cousin ! cousin !

FADINARD

Hein ?

BOBIN

Est-ce qu'on ne va pas danser ?

FADINARD

Si ! je vais chercher les violons. (*Bobin disparaît.*) Et maintenant, 12, rue Ménars...

(*Il sort vivement.*)

## SCÈNE XI

LA BARONNE, NONANCOURT, INVITÉS, puis FADINARD et ACHILLE, puis TOUTE LA NOCE

(*Nonancourt donne toujours le bras à la baronne et tient toujours le candélabre ; tous les invités les suivent.*)

— Nous le fourrerons dedans, le mari! disait Fadinard; grâce à vous... gros farceur!

XI.

*Les invités, indignés, avaient voulu reprendre tous leurs cadeaux.*

Photo-Film : Albatros

*Fadinard, triomphant, apporta en hâte le précieux carton à Anaïs de Bauperthuis.*

Pendant ce temps, la noce, au grand complet, s'expliquait avec le commissaire de police.

## CHŒUR

*Air de la Valse de Satan.*

Quel plaisir ! nous allons entendre
Ce fameux, ce divin chanteur !
On dit que sa voix douce et tendre
Sait ravir l'oreille et le cœur.

LA BARONNE, *aux invités.*

Veuillez prendre place... le concert va commencer. (*Les invités s'asseyent. A Nonancourt.*) Où donc est M. Nisnardi ?

NONANCOURT

Je ne sais pas. (*Criant.*) On demande M. Nisnardi !

TOUS

Le voici ! le voici !

ACHILLE, *ramenant Fadinard.*

Comment ! signore, une désertion ?

NONANCOURT, *à part.*

Lui, Nisnardi ?...

FADINARD, *à Achille qui le ramène.*

Je ne m'en allais pas... je vous assure que je ne m'en allais pas !...

TOUS

Bravo ! bravo !

(*On l'applaudit avec frénésie.*)

FADINARD, *salue à droite et à gauche.*

Messieurs... mesdames... (*A part.*) Pincé sur le marchepied du fiacre !

LA BARONNE, *à Nonancourt.*

Mettez-vous au piano...

(*Elle s'assied sur la causeuse auprès d'une dame.*)

NONANCOURT

Vous voulez que je me mette au piano ? je vais me mettre au piano.

(*Il pose le candélabre et s'assied devant le piano. Toute la société est assise à gauche, de manière à ne pas masquer la porte du fond.*)

LA BARONNE

Signore Nisnardi, nous sommes prêts à vous applaudir...

FADINARD

Certainement... madame... trop bonne...

QUELQUES VOIX

Silence ! silence !

FADINARD, *près du piano à l'extrême droite.*

Quelle position !... Je chante comme une corde à puits... (*Haut, toussant.*) Hum ! hum !

TOUS

Chut ! chut !

FADINARD, *à part.*

Qu'est-ce que je vais leur chanter ? (*Haut et toussant.*) Hum ! hum !

NONANCOURT

Faut-y taper ? Je tape ?

(*Il frappe très fort sur le piano, sans jouer aucun air.*)

FADINARD, *entonnant à pleine voix.*

Toi qui connais les hussards de la garde...

CRIS AU FOND

Vive la mariée ! ! (*Etonnement de la société. La Noce entonne au fond l'air du galop* autrichien. *Les trois portes du fond s'ouvrent. La Noce fait irruption dans le salon, en criant.*) En place pour la contredanse !

### NONANCOURT

Au diable la musique ! Voilà toute la Noce ! (*A Fadinard.*) Vous, allez faire danser votre femme !

### FADINARD

Allez vous promener ! (*A part.*) Sauve qui peut !

(*Les invités de la noce s'emparent, malgré elles, des dames de la société de la baronne et les font danser. Cris, tumulte. Le rideau tombe.*)

# ACTE QUATRIÈME

Une chambre à coucher chez Beauperthuis. — Au fond, alcôve à rideaux. — Un paravent ouvert au premier plan, à gauche. — Porte d'entrée à droite de l'alcôve. — Autre porte à gauche. — Portes latérales. — Un guéridon à droite, contre la cloison.

## SCÈNE PREMIÈRE

BEAUPERTHUIS, seul.

(Au lever du rideau, Beauperthuis est assis devant le paravent. Il prend un bain de pieds. Une serviette cache ses jambes. Ses souliers sont à côté de sa chaise. Une lampe sur un guéridon. Les rideaux de l'alcôve sont ouverts.

C'est bien drôle !... c'est bien drôle ! Ma femme me dit, ce matin, à neuf heures moins sept minutes : « Beauperthuis, je sors, je vais acheter des gants de Suède... » Et elle n'est pas encore rentrée à neuf heures trois quarts du soir. — On ne me fera jamais croire qu'il faille douze heures cinquante-deux minutes pour acheter des gants de Suède... à moins d'aller les chercher dans leur pays natal !... A force de me demander où ma femme pouvait être, j'ai gagné un mal de tête fou... Alors, j'ai mis les pieds à l'eau, et j'ai envoyé la bonne chez tous nos parents, amis et connaissances... — Personne ne l'a vue... Ah ! j'ai oublié de l'envoyer chez ma tante Grosminet... Anaïs y est peut-être... (Il sonne et appelle.) Virginie ! Virginie !

## SCÈNE II

BEAUPERTHUIS, VIRGINIE.

VIRGINIE, apportant une bouilloire.

Voilà de l'eau chaude, monsieur !

BEAUPERTHUIS

Très bien !... mets-la là !... Écoute...

VIRGINIE, posant la bouilloire à terre.

Prenez garde, elle est bouillante...

BEAUPERTHUIS

Te rappelles-tu bien quelle toilette avait ma femme ce matin, quand elle est sortie ?...

VIRGINIE

Sa robe neuve à volants... et son beau chapeau de paille d'Italie.

BEAUPERTHUIS, *à lui-même.*

Oui... un cadeau de la baronne... sa marraine... un chapeau de cinq cents francs au moins !... pour aller acheter des gants de Suède !... (*Il met de l'eau chaude dans son bain de pieds.*) C'est bien drôle !

VIRGINIE

Le fait est que ce n'est pas ordinaire...

BEAUPERTHUIS

Bien certainement, ma femme est en visite quelque part...

VIRGINIE, *à part.*

Dans le bois de Vincennes.

BEAUPERTHUIS

Tu vas aller chez M<sup>me</sup> Grosminet...

VIRGINIE

Au Gros-Caillou ?

BEAUPERTHUIS

Je suis sûr qu'elle est là.

VIRGINIE, *s'oubliant.*

Oh ! monsieur, je suis sûre que non...

BEAUPERTHUIS

Hein ?... tu sais donc ?...

VIRGINIE, *vivement.*

Moi, monsieur ?... Je ne sais rien... Je dis : « Je ne crois pas... » C'est que voilà deux heures que vous me faites courir... Je n'en puis plus, moi, monsieur... Le Gros-Caillou... c'est pas à deux pas...

BEAUPERTHUIS

Eh bien, prends une voiture... (*Lui donnant de l'argent.*) Voilà trois francs... va... cours !

VIRGINIE

Oui, monsieur... (*A part.*) J'vas prendre le thé chez la fleuriste du cinquième.

BEAUPERTHUIS, *la voyant.*

Eh bien ?

VIRGINIE

Voilà, monsieur... Je pars !... (*A part.*) C'est égal ! tant que je n'aurai pas revu le chapeau de paille... Ah ! ça serait amusant tout de même.

(*Elle sort.*)


SCÈNE III

BEAUPERTHUIS, puis FADINARD.

BEAUPERTHUIS, *seul.*

La tête me part !... J'aurais dû y mettre de la moutarde... (*Avec une fureur concentrée.*) O Anaïs ! si je croyais !... Il n'est pas de vengeance... pas de supplice que... (*On sonne. — Radieux.*) Enfin !... la voici !... Entrez. (*On sonne très bruyamment.*) J'ai les pieds à l'eau... Tu n'as qu'à tourner le bec... Entre, chère amie !...

FADINARD *entre ; il est égaré, éreinté, essoufflé.*

M. Beauperthuis, s'il vous plaît ?...

BEAUPERTHUIS

Un étranger ! Quel est ce monsieur ?... Je n'y suis pas...

FADINARD

Très bien ! c'est vous ! (*A lui-même.*) Je n'en puis plus... On nous a tous rossés chez la baronne !... moi, ça m'est égal... mais Nonancourt... est furieux. Il veut mettre un article dans les *Débats* contre le *Veau qui tette*. Etrange hallucination ! (*Essoufflé.*) Ouf !

BEAUPERTHUIS

Sortez, monsieur... sortez !

FADINARD, *prenant une chaise.*

Merci, monsieur... Vous demeurez haut... votre escalier est raide...

(*Il vient s'asseoir près de Beauperthuis.*)

BEAUPERTHUIS, *ramenant la serviette sur ses jambes.*

Monsieur, on n'entre pas ainsi chez les gens !... Je vous réitère...

FADINARD, *soulevant un peu la serviette.*

Vous prenez un bain de pieds ? Ne vous dérangez pas... je n'ai que peu de chose à vous dire...

(*Il prend la bouilloire.*)

BEAUPERTHUIS

Je ne reçois pas... je ne suis pas en état de vous écouter !... j'ai mal à la tête.

FADINARD, *versant de l'eau chaude dans le bain.*

Chauffez votre bain...

BEAUPERTHUIS, *criant.*

Aïe ! (*Lui arrachant la bouilloire, qu'il repose à terre.*) Voulez-vous laisser ça ! Que demandez-vous, monsieur ? Qui êtes-vous ?

FADINARD

Léonidas Fadinard, vingt-cinq ans, rentier... marié d'aujourd'hui... Mes huit fiacres sont à votre porte.

BEAUPERTHUIS

Qu'est-ce que ça me fait, monsieur ? je ne vous connais pas.

FADINARD

Ni moi non plus... et je ne désire pas faire votre connaissance... Je veux parlez à madame votre épouse.

BEAUPERTHUIS

Ma femme !... vous la connaissez ?

FADINARD

Pas du tout ! mais je sais, à n'en pas douter, qu'elle possède un objet de toilette dont j'ai le pressant besoin... Il me le faut !

BEAUPERTHUIS

Hein ?

FADINARD, *se levant.*

Air : *Ces bosquets de lauriers.*

Il me le faut, monsieur... Remarquez bien
Ce que ces mots renferment d'énergie.
Je t'obtiendrai, quel que soit le moyen,
Affreux produit de la belle Italie !
Veut-on le vendre ? Eh bien, je le pairai
Le prix coûtant, plus une forte prime.

Refusez-le ?... soit ! je le volerai !
Il me le faut, monsieur... et je l'aurai...
Pour l'avoir, j'irai jusqu'au crime,
Je me vautrerai dans le crime.

### BEAUPERTHUIS, à part.

C'est un voleur au bonsoir. (*Fadinard se rassied et verse de l'eau chaude. — Criant.*) Aïe !... Encore un coup, monsieur, sortez !

### FADINARD

Pas avant d'avoir vu madame...

### BEAUPERTHUIS

Elle n'y est pas.

### FADINARD

A dix heures du soir ?... c'est invraisemblable...

### BEAUPERTHUIS

Je vous dis qu'elle n'y est pas.

### FADINARD, *avec colère.*

Vous laissez courir votre femme à des heures pareilles ?... ce serait par trop jobard, monsieur !

(*Il verse énormément d'eau bouillante.*)

### BEAUPERTHUIS

Aïe ! sacrebleu !... je suis ébouillanté !

(*Il met avec fureur la bouilloire de l'autre côté.*)

### FADINARD, *se levant et remportant sa chaise à droite.*

Je vois ce que c'est... Madame est couchée... Mais ça m'est égal... mes intentions sont pures... je fermerai les yeux... et nous traiterons à l'aveuglette cette négociation.

### BEAUPERTHUIS, *se levant debout dans son bain, et brandissant la bouilloire, suffoquant de colère.*

Monsieur ! ! !

### FADINARD

Où est sa chambre, s'il vous plaît ?

### BEAUPERTHUIS

Je vous brûle la cervelle !

(*Il lance la bouilloire ; Fadinard pare le coup en fermant le paravent sur Beauperthuis. Les souliers de Beauperthuis se trouvant en dehors du paravent.*)

### FADINARD

Je vous l'ai dit, monsieur... j'irai jusqu'au crime !...

(*Il entre dans la chambre, à droite.*)

## SCÈNE IV

BEAUPERTHUIS, dans le paravent, puis NONANCOURT.

### BEAUPERTHUIS, *qu'on ne voit pas.*

Attends un peu, Cartouche !... Attends, Papavoine !...

(*On l'entend se rhabiller.*)

### NONANCOURT, *entrant avec son myrte, et boitant.*

Qui est-ce qui m'a bâti un malotru de cette espèce ! Il monte chez lui et il nous plante à la porte !... Enfin me voilà chez mon gendre ! Je vais pouvoir changer de chaussettes !...

BEAUPERTHUIS, *se dépêchant.*

Attends... attends-moi !

NONANCOURT

Tiens ! il est là dedans... Il se déshabille... (*Apercevant les souliers.*) Des souliers ! sapristi ! quelle chance !... (*Il les prend, quitte les siens et met ceux de Beauperthuis. — Avec soulagement.*) Ah !... (*Il pose ses souliers à la place où il a pris ceux de Beauperthuis.*) Ça va mieux !... Et ce myrte que je sens pousser dans mes bras... je vais le poser dans le sanctuaire conjugal...

BEAUPERTHUIS, *allongeant le bras et prenant les souliers que Nonancourt a posés.*

Mes souliers !...

NONANCOURT, *frappant au paravent.*

Dis donc, toi... où est la chambre ?

BEAUPERTHUIS, *dans le paravent.*

La chambre !... Oui... un peu de patience ! j'ai fini...

NONANCOURT

Parbleu ! je trouverai bien...
(*Il entre dans la chambre du fond, à gauche de l'alcôve. — Au même instant, Vézinet entre par l'entrée principale.*)

## SCÈNE V

BEAUPERTHUIS, VÉZINET.

**BEAUPERTHUIS**

Cristi ! j'ai les pieds enflés... mais ça ne fait rien !... (*Il sort du paravent en boitant et saute sur Vézinet, qu'il prend d'abord pour Fadinard, et le saisit à la gorge.*) A nous deux, gredin !...

VÉZINET, *riant.*

Non ! non ! j'ai assez dansé... je suis fatigué.

BEAUPERTHUIS, *stupéfait.*

Ce n'est pas celui-là !... c'en est un autre !... Toute une bande !... Où est passé le premier ?... Brigand, où est ton capitaine ?

VÉZINET, *très aimable.*

Merci !... je ne prendrai plus rien... j'ai sommeil.

(*Bruit d'un meuble qui tombe dans la chambre où est entré Fadinard.*)

**BEAUPERTHUIS**

Il est là !
(*Il s'élance dans la chambre, à droite.*)

## SCÈNE VI

VÉZINET, NONANCOURT, HÉLÈNE, BOBIN, DAMES DE LA NOCE.

VÉZINET

Encore un invité que je ne connais pas !... Il a sa robe de chambre... Il paraît qu'on va se coucher... Je n'en suis pas fâché !...
(*Il cherche et regarde dans l'alcôve.*)

NONANCOURT, *revenant. Il a son myrte.*

La chambre nuptiale est par là... Mais j'ai réfléchi... j'ai besoin de mon myrte pour mon discours solennel !... (*Il le pose sur le guéridon. — S'adressant au paravent.*) Rhabillez-vous, mon gendre !... Je vais faire monter la mariée...

VÉZINET, *qui a regardé sous le lit.*

Pas de tire-bottes !

(*Bobin, Hélène et les autres dames paraissent à la porte d'entrée.*)

BOBIN et LES DAMES

CHŒUR

Air de *Werther.*

C'est l'amour
Dans ce séjour
Qui vous réclame,
Entrez, madame.
Le jour fuit,
Voici la nuit,
Moment bien doux
Pour deux époux !

HÉLÈNE, *hésitant à entrer.*

Non... je ne veux pas... je n'ose pas...

BOBIN

Eh bien, ma cousine, redescendons.

NONANCOURT

Silence, Bobin !... Ton rôle de garçon d'honneur expire sur le seuil de cette porte...

BOBIN, *soupirant.*

Hein !

NONANCOURT

Entre, ma fille... pénètre sans crainte puérile dans le domicile conjugal...

HÉLÈNE, *très émue.*

Est-ce que mon mari... est déjà là ?

NONANCOURT

Il est dans ce paravent... il se coiffe de nuit.

HÉLÈNE, *effrayée.*

Oh ! je m'en vais...

BOBIN

Redescendons, ma cousine...

NONANCOURT

Silence, Bobin !...

HÉLÈNE, *très émue.*

Papa... je suis toute tremblante.

NONANCOURT

Je le conçois... c'est dans le programme de ta situation... Mes enfants... voici le moment, je crois, de vous adresser quelques paroles bien senties... — Allons, mon gendre, passez votre robe de chambre... et venez vous placer à ma dextre...

HÉLÈNE, *vivement.*

Oh ! non, papa !...

NONANCOURT

Eh bien ! restez dans votre paravent... et veuillez me prêter une religieuse attention. — Bobin, mon myrte.

(*Il fait asseoir Hélène.*)

BOBIN, *le prenant sur le guéridon et le lui donnant en pleurnichant.*

Voilà !

NONANCOURT, *tenant son myrte, et avec émotion.*

Mes enfants !... (*Il hésite un moment, puis*

*se mouche bruyamment. Reprenant.)* Mes enfants...

VÉZINET, *à Nonancourt, et à sa droite.*

Savez-vous où l'on met le tire-bottes ?

NONANCOURT, *furieux.*

Dans la cave... Allez vous faire pendre !

VÉZINET

Merci !

*(Il se remet à chercher.)*

NONANCOURT

Je ne sais plus où j'en étais...

BOBIN, *pleurnichant.*

Vous étiez à : « Dans la cave... allez vous faire pendre ! »

NONANCOURT

Très bien ! *(Reprenant et changeant son myrte de bras.)* Mes enfants... c'est un moment bien doux pour un père, que celui où il se sépare de sa fille chérie, l'espoir de ses vieux jours, le bâton de ses cheveux blancs... *(Se tournant vers le paravent.)* Cette tendre fleur vous appartient, ô mon gendre !... Aimez-la, chérissez-la, dorlotez-la... *(A part, indigné.)* Il ne répond rien, le Savoyard !... *(A Hélène.)* Toi, ma fille... tu vois bien cet arbuste... je l'ai empoté le jour de ta naissance... qu'il soit ton emblème !... *(Avec une émotion croissante.)* Que ses rameaux toujours verts te rappellent toujours... que tu as un père... un époux... des enfants !... que ses rameaux... toujours verts... que ses rameaux... toujours verts... *(Changeant de ton, à part.)* Va te promener !... j'ai oublié le reste !...

*(Pendant ce discours, Bobin et les dames ont tiré leurs mouchoirs et sanglotent.)*

HÉLÈNE, *se jetant dans ses bras.*

Ah ! papa !...

BOBIN, *pleurant.*

Que vous êtes bête, mon oncle !...

NONANCOURT, *à Hélène, après s'être mouché*

J'éprouvais le besoin de t'adresser ces quelques paroles ressenties... Maintenant, allons nous coucher.

HÉLÈNE, *tremblante.*

Papa, ne me quittez pas !

BOBIN

Ne la quittons pas !

NONANCOURT

Sois paisible, mon ange... J'ai prévu ton émoi... j'ai stipulé quatorze lits de sangle pour les grands-parents. Quant aux petits, ils coucheront dans les fiacres...

BOBIN

A l'heure !

VÉZINET, *tenant un tire-bottes, à Nonancourt*

Dites donc... j'ai trouvé un tire-bottes...

NONANCOURT

Zut !... — Va, ma fille ! *(Avec un soupir.)* Heue !...

BOBIN, *soupirant.*

Heue !...

CHŒUR

Air de *Zampa.*

Elle a sonné l'heure mystérieuse
Qui du bonheur te me garde les secrets
vous

Puisse à jamais l'hymen ~~te~~ me rendre heureuse.
Et t'épargner ~~vous~~ les pleurs et les regrets.
Et vous sauver

*(Les dames emmènent la mariée dans la chambre à la gauche du fond. — Bobin veut s'élancer. Nonancourt le retient et le fait entrer dans la chambre de droite, en lui donnant son myrte. — Vézinet disparaît derrière les rideaux de l'alcôve du fond, qui se ferment.)*

## SCÈNE VII

### NONANCOURT, puis FADINARD.

NONANCOURT, *regardant le paravent et avec indignation.*

Ah çà ! mais... il ne bouge pas, là dedans !... Est-ce que ce monstre-là se serait endormi pendant mon discours ? *(Il ouvre brusquement le paravent.)* Personne ! *(Le voyant entrer vivement par la porte de gauche, premier plan, que cachait le paravent.)* Ah ! ! !

FADINARD *entre vivement et parcourt la scène. A lui-même.*

Elle n'y est pas... j'ai parcouru tout l'appartement, elle n'y est pas !

NONANCOURT

Mon gendre... que signifie ?...

FADINARD

Encore vous !... mais vous n'êtes pas un beau-père... vous êtes un morceau de colle forte !

NONANCOURT

Dans ce moment solennel, mon gendre...

FADINARD

Laissez-moi tranquille !

NONANCOURT, *le suivant.*

Je crois devoir blâmer l'anachronisme de votre température... vous êtes tiède, mon gendre...

FADINARD, *impatienté.*

Allez vous coucher.

NONANCOURT

Oui, monsieur, j'y vais... mais demain, dès l'aube... nous reprendrons cette conversation.
*(Il entre dans la chambre à droite, où est entré Bobin.)*

## SCÈNE VIII

### FADINARD, BEAUPERTHUIS.

FADINARD, *se promenant, agité.*

Elle n'y est pas !... j'ai fouillé partout ! j'ai tout bouleversé... je n'ai rencontré sur ma route qu'une collection de chapeaux de toutes les couleurs... bleu, jaune, vert, gris... l'arc-en-ciel... et pas un fétu de paille !

BEAUPERTHUIS, *entrant par la même porte que Fadinard.*

Le voilà !... il a fait le tour de l'appartement... ah ! je te tiens !...
*(Il le saisit au collet.)*

### FADINARD

Lâchez-moi !

**BEAUPERTHUIS**, *cherchant à l'entraîner vers l'escalier.*

Ne te défends pas... j'ai un pistolet dans chaque poche...

### FADINARD

Pas possible !...
*(Tandis que les deux mains de Beauperthuis le tiennent au collet, Fadinard plonge les siennes dans les poches de Beauperthuis, prend les pistolets et le couche en joue.*

**BEAUPERTHUIS**, *le lâchant et reculant effrayé.*

A l'assass...

**FADINARD**, *criant.*

Ne criez pas... ou je commets un déplorable fait-Paris.

### BEAUPERTHUIS

Rendez-moi mes pistolets...

**FADINARD**, *hors de lui.*

Donnez-moi le chapeau... le chapeau ou la vie !...

**BEAUPERTHUIS**, *anéanti et suffoquant.*

Ce qui m'arrive là est peut-être unique dans les fastes de l'humanité !... j'ai les pieds à l'eau... j'attends ma femme... et voilà un monsieur qui vient me parler de chapeau et me viser avec mes propres pistolets...

**FADINARD**, *avec force et le ramenant au milieu de la scène.*

C'est une tragédie !... vous ne savez pas... un chapeau de paille mangé par mon cheval... dans le bois de Vincennes... tandis que sa propriétaire errait dans la forêt avec un jeune milicien !

### BEAUPERTHUIS

Eh bien ?... qu'est-ce que ça me fait ?

### FADINARD

Mais vous ne comprenez pas qu'ils se sont incrustés chez moi... à bail de trois, six, neuf...

### BEAUPERTHUIS

Pourquoi cette jeune veuve ne rentre-t-elle pas chez elle ?...

### FADINARD

Jeune veuve, plût au ciel ! mais il y a un mari !

**BEAUPERTHUIS**, *riant.*

Ah bah ! ah ! ah !

### FADINARD

Une canaille ! un gredin ! un idiot ! qui la pilerait sous ses pieds... comme un frêle grain de poivre.

### BEAUPERTHUIS

Je comprends ça.

### FADINARD

Oui, mais nous le fourrerons dedans... le mari ! grâce à vous... gros farceur ! gros gueux-gueux ! n'est-ce pas que nous le fourrerons dedans ?

### BEAUPERTHUIS

Monsieur, je ne dois pas me prêter...

### FADINARD

Dépêchons-nous... voici l'échantillon...
*(Il le lui montre.)*

BEAUPERTHUIS, *à part, voyant l'échantillon.*

Grand Dieu !

FADINARD

Paille de Florence... coquelicots...

BEAUTERTHUIS, *à part.*

C'est bien ça ! c'est le sien !... et elle est chez lui... les gants de Suède étaient une craque !

FADINARD

Voyons... combien ?...

BEAUPERTHUIS, *à part.*

Oh ! il va se passer des choses atroces... (*Haut.*) Marchons, monsieur.
                (*Il lui prend le bras.*)

FADINARD

Où ça ?

BEAUPERTHUIS

Chez vous !

FADINARD

Sans chapeau ?

BEAUPERTHUIS

Silence.
(*Il écoute vers la chambre où est Hélène.*)

VIRGINIE, *entrant par le fond.*

Monsieur, je viens du Gros-Caillou... personne !

BEAUPERTHUIS, *écoutant.*

Silence !

FADINARD, *à part.*

Grand Dieu ! la bonne de la dame !

VIRGINIE, *à part.*

Tiens ! le maître de Félix !

BEAUPERTHUIS, *à lui-même.*

On parle dans la chambre de ma femme... elle est rentrée !... oh ! nous allons voir !... cristi !

(*Il entre vivement, en boitant, dans la chambre où est Hélène.*)

## SCÈNE IX

FADINARD, VIRGINIE.

FADINARD, *effaré.*

Que viens-tu faire ici, petite malheureuse ?

VIRGINIE

Comment ! ce que je viens faire ?... je rentre chez mon maître, donc !

FADINARD

Ton maître ?... Beauperthuis... ton maître ?...

VIRGINIE

Qu'est-ce qu'il a ?

FADINARD, *à part, hors de lui.*

Malédiction !... c'était le mari... et je lui ai tout dit !...

VIRGINIE

Est-ce que Madame... ?

FADINARD

Va-t'en, pécore !... va-t'en, ou je te coupe en tout petits morceaux !... (*Il la pousse dehors.*) Et ce chapeau que je pourchasse depuis ce matin avec ma noce en croupe... le nez sur la piste, comme un chien de chasse... j'arrive, je tombe en arrêt... c'est le chapeau mangé !...

## SCÈNE X

FADINARD, BEAUPERTHUIS, HÉLÈNE, NONANCOURT,
BOBIN, VÉZINET, DAMES DE LA NOCE.

(*Cris dans la chambre d'Hélène.*)

#### FADINARD

Il va la massacrer... défendons cette infortunée !...

(*Il va s'élancer, mais la porte s'ouvre ; Hélène, en coiffe de nuit, entre, tout éplorée, suivie des dames de la noce et de Beauperthuis stupéfait.*)

#### LES DAMES, *en dehors.*

Au secours ! au secours !...

#### FADINARD, *pétrifié.*

Hélène !

#### HÉLÈNE

Papa ! papa !

#### BEAUPERTHUIS

Qu'est-ce que c'est que tout ce monde-là ?... dans la chambre de ma femme !...

(*Nonancourt sort de la chambre de droite, en bonnet de coton, en bras de chemise, son habit sur le bras et tenant son myrte. Bobin le suit, même costume.*)

#### NONANCOURT et BOBIN

Qu'est-ce que c'est ? Qu'y a-t-il ?

#### BEAUPERTHUIS, *stupéfait.*

Encore !...

#### FADINARD

Toute la noce ! ! ! Voilà le bouquet !

#### CHŒUR

Air : *Neveu du mercier.*

#### BEAUPERTHUIS

Je n'y puis rien comprendre !
D'où sortent ces gens-là ? pourquoi
Viens-je ici de surprendre
Tout ce monde chez moi.

#### NONANCOURT

Je n'y puis rien comprendre !
Pourquoi ce bruit, ces cris d'effroi !
Tout est rompu, mon gendre ;
Ne comptez plus sur moi.

#### FADINARD

Je n'y puis rien comprendre !
Ils ont le diable au corps, ma foi !
Se faire ici surprendre
Lorsqu'en bas je les crois.

#### BOBIN

Je n'y puis rien comprendre !
Cousine, d'où vient votre effroi ?
Je saurai vous défendre ;
Comptez, comptez sur moi.

#### HÉLÈNE

Je n'y puis rien comprendre !
Ah ! je succombe à mon effroi !
Qui donc pour me surprendre
Osa venir chez moi !

#### LES DAMES

Je n'y puis rien comprendre !
Quel est cet étranger ? pourquoi
Ose-t-il la surprendre
Et causer son effroi ?

#### BEAUPERTHUIS

Que faisiez-vous là dedans, chez moi ?...

NONANCOURT et BOBIN, *avec un cri d'étonnement.*

Chez vous ?...

HÉLÈNE et LES DAMES, *en même temps.*

O ciel !...

NONANCOURT, *indigné, donnant une poussée à Fadinard.*

Chez lui ?... pas chez toi ?... chez lui ?...

FADINARD, *criant.*

Beau-père ! vous m'ennuyez !

NONANCOURT, *indigné.*

Comment ! être immoral et sans vergogne... tu nous mènes coucher chez un inconnu ! et tu souffres que ta jeune épouse... chez un inconnu !... Mon gendre, tout est rompu !

FADINARD

Vous m'agacez !... (*A Beauperthuis.*) Monsieur, vous daignerez excuser une légère erreur...

NONANCOURT

Repassons nos habits, Bobin...

BOBIN

Oui, mon oncle.

FADINARD

C'est ça !... et filons chez moi... Je passe devant avec ma femme !...

(*Il va vers elle, Beauperthuis le retient.*)

BEAUPERTHUIS, *à voix basse.*

Monsieur, la mienne n'est pas rentrée !

FADINARD

Elle aura manqué l'omnibus.

BEAUPERTHUIS, *qui ôte sa robe de chambre et met son habit.*

Elle est chez vous.

FADINARD

Je ne crois pas... la dame qui campe chez moi est une négresse... la vôtre est-elle négresse ?

BEAUPERTHUIS

Est-ce que j'ai l'air d'un gobe-mouches, monsieur ?

FADINARD

J'ignore cet oiseau.

NONANCOURT

Bobin, ma manche...

BOBIN

Voilà, mon oncle.

BEAUPERTHUIS

Où demeurez-vous, monsieur ?

FADINARD

Je ne demeure pas !...

NONANCOURT

8, place...

FADINARD, *vivement.*

Ne lui dites pas !...

NONANCOURT, *criant.*

8, place Baudoyer !... vagabond !...

#### FADINARD

V'lan !...

#### BEAUPERTHUIS

Très bien !

#### NONANCOURT

En route, ma fille !

#### BOBIN

En route, tout le monde !

BEAUPERTHUIS, *à Fadinard, lui prenant le bras.*

En route, monsieur !

#### FADINARD

C'est une négresse !...

#### CHŒUR — ENSEMBLE

Air final du *Plastron*.

Le soir du mariage,
Se tromper de maison !
C'est un trait, je le gage,
Digne de Charenton.

#### BEAUPERTHUIS

Ah ! du sanglant outrage
Qui fait rougir mon front,
Dans un affreux carnage
Je vais laver l'affront !

#### FADINARD

Son œil morne et sauvage
Me donne le frisson !
Dans quel affreux carnage
Va nager ma maison.

(*Beauperthuis, boitant, sort.*)

## SCÈNE XI

### VIRGINIE, VÉZINET.

VIRGINIE, *entrant par la porte de gauche, premier plan. Elle tient une tasse sur une soucoupe ; entr'ouvrant les rideaux de l'alcôve.*

Monsieur ! voilà votre bourrache...

VÉZINET, *se levant sur son séant.*

Merci ! je ne prendrai plus rien !

VIRGINIE, *jetant un grand cri et laissant tomber la tasse.*

Ah !

#### VÉZINET

Vous pareillement !

Le chapeau, maladroitement lancé, s'était accroché au réverbère.

Photo-Film: Albatros.

*C'est avec un soupir de satisfaction que les jeunes mariés retrouvèrent enfin le calme.*

## ACTE CINQUIÈME

Une place. — Rues à droite et à gauche. — Premier plan, à droite, la maison de Fadinard ; une autre maison au deuxième plan. — Premier plan, à gauche, un poste de la garde nationale, avec guérite. — Il est nuit. — La scène est éclairée par un réverbère suspendu à une corde qui traverse le théâtre du premier plan de gauche au troisième plan de droite.

### SCÈNE PREMIÈRE

TARDIVEAU, en garde national, UN CAPORAL, GARDES NATIONAUX.

(*Un garde national est en faction. Onze heures sonnent. Plusieurs gardes nationaux sortent du poste.*)

LE CAPORAL

Onze heures !... A qui de prendre la faction ?

LES GARDES

A Tardiveau ! A Tardiveau !

TARDIVEAU

Mais, Trouillebert, j'en ai monté trois dans le jour pour être exempté de cette nuit... le serein m'enrhume.

LE CAPORAL, *riant.*

Tais-toi donc, farceur ! jamais le serein n'enrhuma son semblable... (*Tous rient.*) Allons, allons ! Arme à la bretelle. Et nous, messieurs, en patrouille.

CHŒUR

Air : *J'aime l'uniforme.*

La ville sommeille
Et compte sur nous ;
La patrouille veille ;
Malheur aux filous !

(*La patrouille sort à droite.*)

### SCÈNE II

DIVEAU, puis NONANCOURT, HÉLÈNE, VÉZINET, BOBIN, LA NOCE.

TARDIVEAU, *seul, posant son fusil et son*

*schako dans la guérite et mettant un bonnet de soie noire, un cache-nez.*

Dieu ! que j'ai chaud ! Voilà pourtant comme on attrape de mauvais rhumes... Ils font un feu d'enfer, là dedans. J'avais beau répéter à Trouillebert : « Trouillebert, vous mettez trop de bûches !... » Ah ben, oui ! — Et je suis en moiteur... J'aurais presque envie de changer de gilet de flanelle... (*Il défait deux ou trois boutons de son habit et s'arrête.*) Non !... il peut passer des dames ! (*Etendant la main.*) Ah !... bien !... ah !... très bien !... voilà la pluie qui recommence ! (*Il s'enveloppe dans la capote des factionnaires.*) Ah ! parfait ! parfait ! voilà la pluie, à présent !

(*Il s'abrite dans la guérite. — Toute la noce entre par la gauche, avec des parapluies. Nonancourt tient son myrte. Bobin donne le bras à Hélène. Vézinet n'a pas de parapluie et s'abrite tantôt sous l'un, tantôt sous l'autre ; mais les mouvements des personnages le laissent toujours à découvert.*)

NONANCOURT, *entrant le premier, avec son myrte.*

Par ici, mes enfants, par ici !... Sautez le ruisseau !

(*Il saute ; toute la noce suit et saute le ruisseau.*)

CHŒUR

Air des *Deux Cornuchet.*

Ah ! vraiment, c'est atroce !
Quelle affreuse noce !
Où donc nous fait-on courir
Quand nous devrions dormir !

NONANCOURT

Quelle noce ! quelle noce !

HÉLÈNE, *regardant autour d'elle.*

Ah ! papa !... Et mon mari ?

NONANCOURT

Allons, bon ! nous l'avons encore égaré !

HÉLÈNE

Je n'en puis plus !

BOBIN

C'est éreintant !

UN MONSIEUR

Je n'ai plus de jambes.

NONANCOURT

Heureusement, j'ai changé de souliers.

HÉLÈNE

Aussi, papa, pourquoi avez-vous renvoyé les fiacres ?

NONANCOURT

Comment, pourquoi ? trois cent soixante-quinze francs, tu trouves que ce n'est pas assez !... Je ne veux pas manger ta dot en cochers de fiacre !

TOUS

Ah çà !... mais... où sommes-nous, ici ?

NONANCOURT

Le diable m'emporte si je le sais... J'ai suivi Bobin.

BOBIN

Du tout, mon oncle, c'est nous qui vous avons suivi.

VÉZINET, *à Nonancourt.*

Pourquoi nous a-t-on fait lever si tôt ?... Est-ce qu'on va encore s'amuser ?

NONANCOURT

La faridondaine, oh! gai! (*Furieux.*) Ah! gredin de Fadinard!

HÉLÈNE

Il nous a dit d'aller chez lui... place Baudoyer.

BOBIN

Nous sommes sur une place.

NONANCOURT

Est-elle Baudoyer? voilà la question! (*A Vézinet, qui s'abrite sous son parapluie.*) Dites donc, vous qui êtes de Chaillot, vous devez savoir ça. (*Criant.*) Est-elle Baudoyer?

VÉZINET

Oui, oui, joli temps pour les petits pois.

NONANCOURT, *le quittant brusquement.*

Au sucre!... Tarare pompon... petit patapon!

(*Il est près de la guérite.*)

TARDIVEAU, *éternuant.*

Atchi!

NONANCOURT

Dieu vous bénisse!... Tiens!... une sentinelle... Pardon, sentinelle... la place Baudoyer, s'il vous plaît?

TARDIVEAU

Passez au large.

NONANCOURT

Merci!... Et pas un passant... pas même un savoyard d'Auvergnat!

BOBIN

A onze heures trois quarts!

NONANCOURT

Attendez! nous allons savoir...

(*Il frappe à une maison, deuxième plan à droite.*)

HÉLÈNE

Qu'est-ce que vous faites, papa?

NONANCOURT

Il faut nous informer... On m'a dit que les Parisiens se faisaient un plaisir d'indiquer leur chemin aux étrangers.

UN MONSIEUR, *en bonnet de nuit, en robe de chambre, paraissant à la fenêtre.*

Qu'est-ce que vous demandez, sacrebleu?

NONANCOURT

Pardon, monsieur... la place Baudoyer, s'il vous plaît?

LE MONSIEUR

Attends! brigand! scélérat! canaille!

(*Il verse un pot à l'eau par la fenêtre et ferme. Nonancourt évite l'eau; Vézinet, qui est sans parapluie, la reçoit sur la tête.*)

VÉZINET

Sac à papier! j'étais sous la gouttière!

NONANCOURT

Ce n'est pas un Parisien... c'est un Marseillais.

BOBIN, *qui est monté sur une borne, au fond, pour lire le nom de la place.*

Baudoyer!... mon oncle!... Place Baudoyer... nous y sommes.

NONANCOURT

Quelle chance !... Cherchons le numéro 8.

TOUS

Le voilà... Entrons ! entrons !

NONANCOURT

Ah ! sapristi !... pas de portier ! et mon gueux de gendre ne m'a pas donné la clef !

HÉLÈNE

Papa, je n'en puis plus... je vais m'asseoir.

NONANCOURT, *vivement*.

Pas par terre, ma fille... nous sommes en plein macadam.

BOBIN

Il y a de la lumière dans la maison.

NONANCOURT

C'est l'appartement de Fadinard... Il sera rentré avant nous... (*Il frappe et appelle bruyamment.*) Fadinard, mon gendre !... *Tous appellent avec lui.*) Fadinard !

TARDIVEAU, *à Vézinet*.

Un peu de silence, monsieur !

VÉZINET, *gracieusement*.

Trop honnête, monsieur... je me brosserai à la maison.

NONANCOURT, *criant*.

Fadinard ! ! !

BOBIN

Votre gendre se fiche de nous.

HÉLÈNE

Il ne veut pas ouvrir, papa.

NONANCOURT

Allons chez le commissaire.

TOUS

Oui, oui... chez le commissaire.

CHŒUR

Ce gendre nous berne !
O ciel ! quelle indignité !
Cherchons la lanterne
Celle de l'autorité !

(*Ils remontent.*)

## SCÈNE III

LES MÊMES, FÉLIX.

FÉLIX, *arrivant par la rue de droite*.

Ah ! mon Dieu !... que de monde !...

NONANCOURT

Son groom !... Arrive ici, Mascarille.

FÉLIX

Tiens ! c'est la noce de mon maître !... Monsieur, avez-vous vu mon maître ?

NONANCOURT

As-tu vu mon gueux de gendre ?

FÉLIX

Voilà plus de deux heures que je cours après lui.

## NONANCOURT

Nous nous passerons de lui... Ouvre-nous la porte, Pierrot.

## FÉLIX

Oh ! monsieur... impossible... ça m'est bien défendu... La dame est encore là-haut.

## TOUS

Une dame !

## NONANCOURT, *avec un cri sauvage.*

Une dame !!!

## FÉLIX

Oui, monsieur... qui est chez nous... sans chapeau... depuis ce matin... avec...

## NONANCOURT, *hors de lui.*

Assez !... (*Il rejette Félix à droite.*) Une maîtresse !... un jour de noces...

## BOBIN

Sans chapeau !...

## NONANCOURT

Qui se chauffe les pieds au foyer conjugal... Et nous, sa femme... nous, ses belles gens... nous flânottons depuis quinze heures avec des myrtes dans nos bras... (*Donnant le myrte à Vézinet.*) Turpitude ! turpitude !

## HÉLÈNE

Papa... papa... je vais me trouver mal...

## NONANCOURT, *vivement.*

Pas par terre, ma fille... tu flétrirais ta robe de cinquante-trois francs ! (*A tous.*) Mes enfants, jetons une malédiction sur cet immonde polisson, et retournons tous à Charentonneau.

## TOUS

Oui, oui !

## HÉLÈNE

Mais, papa, je ne veux pas lui laisser mes bijoux, mes cadeaux de noces.

## NONANCOURT

Ma fille, ceci est d'une femme d'ordre... (*A Félix.*) Grimpe là-haut, jocrisse... et descends-nous la corbeille, les écrins, tous les bibelots de ma fille.

## FÉLIX, *hésitant.*

Mais, monsieur...

## NONANCOURT

Grimpe !... Si tu ne meurs d'envie que je greffe une de tes oreilles.

(*Il le pousse dans la maison, à droite, premier plan.*)

## SCÈNE IV

Les Mêmes, hors FÉLIX, puis FADINARD.

## HÉLÈNE

Papa, vous m'avez sacrifiée.

## BOBIN

Comme *Ephigénie !*

## NONANCOURT

Que veux-tu ! il était rentier !... Voilà ma circonstance atténuante aux yeux de tous les pères. Il était rentier, le capon !

UN CHAPEAU DE PAILLE D'ITALIE

FADINARD, *accourant de la gauche, effaré, exténué.*

Ah ! la rate ! la rate ! la rate !

TOUS

La rate ! la rate.

FADINARD

Tiens ! voilà ma noce ! (*Faiblissant.*) Beau-père, je voudrais m'asseoir sur vos genoux ?

NONANCOURT, *le repoussant.*

Nous n'en tenons pas, monsieur !... tout est rompu.

FADINARD, *prêtant l'oreille.*

Taisez-vous !

NONANCOURT, *outré.*

Plaît-il ?

FADINARD

Taisez-vous donc, maugrebleu !

NONANCOURT

Taisez-vous vous-même, sauvageon !

FADINARD, *rassuré.*

Non ! je me trompais... il a perdu mes traces... et puis, ses souliers le gênent... il boite... comme feu Vulcain... Nous avons quelques minutes à nous... pour éviter cet affreux massacre...

HÉLÈNE

Un massacre !

NONANCOURT

Quel est ce feuilleton ?

FADINARD

Le chacal a mon adresse... Il va venir, bourré jusqu'à la gueule de poignards et de pistolets... Il faut faire échapper cette dame.

NONANCOURT, *avec indignation.*

Ah ! tu en conviens, Sardanapale !

TOUS

Il en convient ! ! !

FADINARD, *ahuri.*

Plaît-il ?

SCÈNE V

LES MÊMES, FÉLIX, portant la corbeille, des paquets, un carton à chapeau de femme.

FÉLIX

Voilà les bibelots !

(*Il les pose à terre.*)

FADINARD

Hein ?... Qu'est-ce que c'est que ça ?

NONANCOURT

Gens de la noce... que chacun de nous prenne un colis... et opérons le déménagement...

FADINARD

Comment !... le trousseau de mon Hélène ?...

NONANCOURT

Elle ne l'est plus... Je la remporte avec armes et bagages dans mes pépinières de Charentonneau !...

FADINARD

M'enlever ma femme... à minuit !... Je m'y oppose !...

NONANCOURT

Je brave ton opposition !...

FADINARD, *cherchant à arracher un carton à chapeau dont s'est emparé Nonancourt.*

Ne touchez pas au trousseau !

NONANCOURT, *résistant.*

Veux-tu lâcher, bigame !... (*Il tombe assis.*) Ah !... tout est rompu, mon gendre...
(*Le bas du carton, qui contient le chapeau, est resté dans ses mains, et le couvercle dans celles de Fadinard.*)

VÉZINET, *ramassant le carton.*

Prenez donc garde !... un chapeau de paille d'Italie !...

FADINARD, *criant.*

Hein ?... d'Italie ?...

VÉZINET, *l'examinant.*

Mon cadeau de noces... Je l'ai fait venir de Florence... pour cinq cents francs.

FADINARD, *tirant son échantillon.*

De Florence !... (*Lui prenant le chapeau et le comparant à l'échantillon sous le réverbère.*) Donnez ça !... Est-il possible !... moi qui, depuis ce matin... et il était... (*Etouffant un cri de joie.*) Mais, oui... conforme !... conforme !... conforme !... et des coquelicots !... (*Criant.*) Vive l'Italie !...
(*Il le remet dans le carton.*)

TOUS

Il est fou !...

FADINARD, *sautant, chantant et embrassant tout le monde.*

Vive Vézinet !... vive Nonancourt !... vive ma femme !... vive Bobin !... vive la ligne !...
(*Il embrasse Tardiveau.*)

TARDIVEAU, *ahuri.*

Passez au large... sac à papier !...

NONANCOURT, *pendant que Fadinard embrasse follement tout le monde.*

Un chapeau de cinq cents francs !... tu ne l'auras pas, gredin !...
(*Il tire le chapeau du carton et referme le couvercle.*)

FADINARD, *qui n'a rien vu, passant le cordon du carton à son bras et follement.*

Attendez-moi là... je la coiffe... et je la flanque à la porte !... Nous allons rentrer !... nous allons rentrer !...
(*Il entre éperdument dans la maison.*)


SCENE VI

Les Mêmes, hors FADINARD, Le Caporal, Gardes nationaux.

NONANCOURT

Aliénation complète !... nullité de mariage !... *Bravissimo !...* En route, mes amis... cherchons nos fiacres...
(*Ils remontent et rencontrent la patrouille, qui arrive au fond.*)

### LE CAPORAL

Halte-là, messieurs !... Que faites-vous là avec ces paquets ?...

### NONANCOURT

Caporal, nous déménageons...

### LE CAPORAL

Clandestinement !...

### NONANCOURT

Permettez, je...

### LE CAPORAL

Silence !... (A *Vézinet*.) Vos papiers ?...

### VÉZINET

Oui, monsieur, oui... cinq cents francs... sans les rubans !...

### LE CAPORAL

Oh ! Oh !... nous voulons faire le farceur !...

### NONANCOURT

Du tout, caporal... ce malheureux vieillard...

### LE CAPORAL

Vos papiers ?...
(*Sur un signe qu'il fait, deux gardes nationaux prennent au collet, l'un Nonancourt, et l'autre Bobin.*

### NONANCOURT

Par exemple !...

### HÉLÈNE

Monsieur... c'est papa..

### LE CAPORAL, *à Hélène*.

Vos papiers ?

### BOBIN

Puisqu'on vous dit que nous n'en avons pas... Nous sommes venus...

### LE CAPORAL

Pas de papiers ?... au poste !... vous vous expliquerez avec l'officier.
(*On les pousse vers le poste.*)

### NONANCOURT

Je proteste à la face de l'Europe !..

### CHŒUR

Air : *C'est assez de débats. (Petits moyens.)*

### LA PATROUILLE

Au violon ! au violon !
Marchez ! pas de rébellion !
Et plus tard nous verrons
S'il faut écouter vos raisons.

### LA NOCE

Quoi ! la noce au violon !
Ah ! pour nous quel cruel affront !
Soldats, nous protestons !
Écoutez au moins nos raisons.

(*On les pousse dans le corps de garde. Nonancourt tient toujours le chapeau. Félix, qui se débat, est mis au poste comme les autres. La patrouille entre avec eux.*)

## SCÈNE VII

TARDIVEAU, puis FADINARD, ANAIS, ÉMILE.

### TARDIVEAU

La patrouille est rentrée, j'ai bien envie d'aller prendre mon riz au lait.

(*Pendant ce qui suit, il ôte sa capote grise, qu'il accroche au fusil, et met son schako sur la baïonnette, de manière à figurer un factionnaire au repos.*)

FADINARD, *sortant de la maison avec le carton, suivi d'Anaïs et d'Émile.*

Venez, venez, madame... j'ai trouvé le chapeau... c'est votre salut... votre mari sait tout... il est sur mes talons... coiffez-vous et partez !...

(*Il tient le carton, Anaïs et Émile l'ouvrent, regardent dedans, jettent un grand cri.*)

TOUS TROIS

Ah !...

ANAÏS

Ciel !...

ÉMILE, *regardant dans le carton.*

Vide !...

FADINARD, *égaré et tenant le carton.*

Il y était !... il y était !... c'est mon vieux Bosco de beau-père qui l'a escamoté !... (*Se tournant.*) Où est-il ?... où est ma femme ?... où est ma noce ?...

TARDIVEAU, *en train de s'en aller.*

Au poste, monsieur... tout ça au violon...
(*Il sort à droite.*)

FADINARD

Au violon !... ma noce !... et le chapeau aussi !... Comment faire ?

ANAÏS, *désolée.*

Perdue !...

ÉMILE, *frappé.*

Ah !... j'y vais... j'y vais... je connais l'officier !...

(*Il entre au poste.*)

FADINARD, *joyeux.*

Il connaît l'officier !... nous l'aurons !...
(*Bruit de voiture à gauche.*)

BEAUPERTHUIS, *dans la coulisse.*

Cocher, arrêtez-moi là !...

ANAÏS

Ciel ! mon mari !...

FADINARD

Il a pris un cab..., le lâche !

ANAÏS

Je remonte chez vous !...

FADINARD

Arrêtez !... il vient fouiller mon domicile !

ANAÏS, *très effrayée.*

Le voici !...

FADINARD, *la poussant dans la guérite.*

Entrez là !... (*A lui-même.*) Et l'on appelle ça un jour de noce !...


SCÈNE VIII

ANAÏS, cachée ; FADINARD, BEAUPERTHUIS.

BEAUPERTHUIS, *entrant en boitant un peu.*

Ah ! vous voilà, monsieur !... vous m'avez échappé...
(*Il secoue le pied.*)

#### FADINARD

Pour acheter un cigare... Je cherche du feu... Vous n'avez pas de feu ?...

#### BEAUPERTHUIS

Monsieur, je vous somme d'ouvrir votre domicile... et si je la trouve !... je suis armé, monsieur !...

#### FADINARD

Au premier, la porte à gauche, tournez le bouton, s'il vous plaît.

#### BEAUPERTHUIS, *à lui-même.*

Cristi !... c'est drôle, j'ai les pieds enflés !
(*Il entre.*)

#### FADINARD, *suivant un moment des yeux*

Il y en a un de biche à la porte.

### SCÈNE IX

**FADINARD, ANAIS, puis ÉMILE, à la fenêtre du poste.**

#### ANAÏS, *sortant de la guérite.*

Je suis morte de peur... où me cacher ?... où fuir ?

#### FADINARD, *perdant la tête.*

Rassurez-vous, madame, j'espère qu'il ne vous trouvera pas là-haut !
(*Une fenêtre du poste s'ouvre à un étage supérieur.*)

#### ÉMILE, *à la fenêtre.*

Vite ! vite ! voici le chapeau !

#### FADINARD

Nous sommes sauvés... le mari est là... jetez ! jetez !
(*Émile lance le chapeau qui reste au réverbère.*)

#### ANAÏS, *jetant un cri.*

Ah !

#### FADINARD

Sapristi !
(*Il saute avec son parapluie pour le décrocher, mais ne peut y atteindre. — On entend dégringoler dans l'escalier de Fadinard et Beauperthuis crier.*)

#### BEAUPERTHUIS, *dans l'escalier.*

Sacrrredié ! ! !

#### ANAÏS, *effrayée.*

C'est lui !

#### FADINARD, *vivement.*

Saprelotte ! (*Il jette la capote grise de garde national sur les épaules d'Anaïs, rabat le capuchon sur sa tête, et lui met le fusil entre les mains.*) De l'aplomb ! s'il approche, croisez... elle ! passez au large !

#### ANAÏS

Mais ce chapeau... il va le voir !

### SCÈNE X

**ANAIS, en faction ; FADINARD, BEAUPERTHUIS, puis ÉMILE, puis TARDIVEAU.**

#### FADINARD, *courant au-devant de Beauperthuis et l'abritant sous son parapluie pour l'em-*

pêcher de voir le chapeau de paille qui se balance au-dessus de sa tête.)

Prenz garde, vous allez vous mouiller.

BEAUPERTHUIS, *boitant encore plus fort.*

Le diable emporte votre escalier sans quinquet !

FADINARD

On éteint à onze heures.

ÉMILE, *sortant du poste, bas.*

Occupez le mari !

(*Il va au fond, à droite, monte sur une borne et s'occupe à scier la corde avec son épée.*)

BEAUPERTHUIS

Lâchez-moi donc !... il ne pleut plus... il y a des étoiles !

(*Il veut regarder en l'air.*)

FADINARD, *le couvrant avec le parapluie.*

C'est égal... vous allez vous mouiller.

BEAUPERTHUIS

Mais, parbleu ! monsieur... je suis un bien grand imbécile...

FADINARD

Oui, monsieur.

(*Il élève le parapluie très haut et saute pour décrocher le chapeau et, comme il tient le bras de Beauperthuis, ce mouvement fait sauter Beauperthuis malgré lui.*)

BEAUPERTHUIS

Vous l'avez fait sauver...

FADINARD

Pour qui me prenez-vous ?

(*Il saute de nouveau.*)

BEAUPERTHUIS

Qu'avez-vous donc à sauter, monsieur ?

FADINARD

Des crampes... ça vient de l'estomac.

BEAUPERTHUIS

Parbleu ! je vais interroger ce factionnaire...

ANAÏS, *à part.*

Dieu !

FADINARD, *le retenant brusquement.*

Non, monsieur... c'est inutile. (*A part, regardant Émile.*) Bravo !... il scie la corde... (*Haut.*) Il ne répondra pas... il est défendu de parler sous les armes !

BEAUPERTHUIS, *cherchant à se dégager.*

Mais lâchez-moi donc !

FADINARD

Non... vous allez vous mouiller.

(*Il le couvre plus que jamais et saute.*)

TARDIVEAU, *revenant de la droite et stupéfait de voir un factionnaire.*

Un factionnaire à ma place !

ANAÏS

Passez au large.

BEAUPERTHUIS

Hein !... cette voix !

FADINARD, *mettant le parapluie en travers.*

Un conscrit !

TARDIVEAU, *apercevant le chapeau.*

Ah !... qu'est-ce que c'est que ça ?

BEAUPERTHUIS

Quoi ?
(*Il écarte le parapluie et lève la tête.*)

FADINARD

Rien !
(*Il lui enfonce son chapeau sur les yeux. Au même instant la corde est coupée. Le réverbère tombe.*)

BEAUPERTHUIS

Ah !

TARDIVEAU, *criant.*

Aux armes ! aux armes !

FADINARD, *à Beauperthuis.*

Ne faites pas attention... c'est le réverbère en tombant.
(*Ici les gardes nationaux sortent du poste. Des gens paraissent aux fenêtres avec des lumières. — Pendant le chœur, Fadinard décroche le chapeau et le donne à Anaïs, qui le met sur sa tête.*)

CHŒUR

Air : *Vivent les hussards d'Berchini.*
(*Tentations d'Antoinette,* acte 2.)

Quel bruit ! quel vacarme infernal !
Qui fait cet affreux bacchanal ?
C'est indécent ! c'est illégal !
Dressons procès-verbal !

(*Après le chœur, Beauperthuis est parvenu à retirer son feutre de dessus ses yeux.*)

BEAUPERTHUIS

Mais, encore une fois, messieurs...

ANAÏS, *le chapeau sur sa tête, s'approchant, les bras croisés et avec dignité.*

Ah ! je vous trouve donc enfin, monsieur !...

BEAUPERTHUIS, *pétrifié.*

Ma femme !...

ANAÏS

Voilà donc la conduite que vous menez ?...

BEAUPERTHUIS, *à part.*

Elle a le chapeau !

ANAÏS

Vous colleter dans les rues, à une pareille heure !...

BEAUPERTHUIS

Paille de Florence !

FADINARD

Et des coquelicots...

ANAÏS

Me laisser rentrer seule... à minuit, quand, depuis ce matin, je vous attends chez ma cousine Éloa...

BEAUPERTHUIS

Permettez, madame, votre cousine Éloa...

FADINARD

Elle a le chapeau !

BEAUPERTHUIS

Vous êtes sortie pour acheter des gants de Suède... On ne met pas quatorze heures pour acheter des gants de Suède...

# UN CHAPEAU DE PAILLE D'ITALIE

**FADINARD**

Elle a le chapeau !

**ANAÏS**, *à Fadinard.*

Monsieur, je n'ai pas l'avantage...

**FADINARD**, *saluant.*

Moi non plus, madame, mais vous avez le chapeau ! (*S'adressant aux gardes nationaux.*) Madame a-t-elle le chapeau ?

**LES GARDES NATIONAUX ET LES GENS AUX FENÊTRES**

Elle a le chapeau ! elle a le chapeau !

**BEAUPERTHUIS**, *à Fadinard.*

Mais pourtant, monsieur, ce cheval du bois de Vincennes...

**FADINARD**

Il a le chapeau !

**NONANCOURT**, *paraissant à la fenêtre du poste.*

Très bien, mon gendre !... Tout est raccommodé !

**FADINARD**, *à Beauperthuis.*

Monsieur, je vous présente mon beau-père !

**NONANCOURT**, *de la fenêtre.*

Ton groom nous a conté l'anecdote !... C'est beau... c'est chevaleresque !... c'est français !... Je te rends ma fille, je te rends la corbeille, je te rends mon myrte... Tire-nous des cachots !

**FADINARD**, *s'adressant au caporal.*

Monsieur, y aurait-il de l'indiscrétion à vous réclamer ma noce ?

**LE CAPORAL**

Avec plaisir, monsieur. (*Criant.*) Lâchez la noce !

(*Toute la noce sort du poste.*)

**CHŒUR**

Air : *C'est l'amour* (acte 4).

Fadinard brise nos fers !
Nous sommes fiers
De sa belle âme !
Que sa femme
Et ses amis
Embrassent tous ces Amadis !

(*Pendant le chœur, la noce entoure et embrasse Fadinard.*)

**VÉZINET**, *reconnaissant le chapeau sur la tête d'Anaïs.*

Oh ! mon Dieu ! mais cette dame...

**FADINARD**, *très vivement.*

Otez-moi ce sourd de là !

**BEAUPERTHUIS**, *à Vézinet.*

Quoi, monsieur ?

**VÉZINET**

Elle a le chapeau !

**BEAUPERTHUIS**

Allons, je suis dans mon tort !... Elle a le chapeau !

(*Il baise la main de sa femme.*)

**CHŒUR**

Air final de *la Tour d'Ugolin.*

Heureuse journée,
Charmant hyménée !
Son âme étonnée
Bénit le destin.
Grâce au mariage
Dont le nœud m'engage,

Ce couple, je gage,
J'aurai l'avantage
De
Va dormir enfin !

### VÉZINET

*Air nouveau d'Hervé.*

Quelle noce charmante !

### FADINARD

Ah ! oui !... c'était divin
Mais les plus doux plaisirs doivent avoir leur fin.
Allons tous nous coucher.

### NONANCOURT, *tenant son myrte.*

Je vote la mesure !

### FADINARD, *prenant le bras de sa femme.*

Viens, mon ange, au cœur d'oranger
Et puisses-tu, témoin de ma triste aventure,
A mon chef marital ne jamais adjuger
Un chapeau... qu'un cheval ne pourrait pas manger.

### TOUS

A son chef marital,
Etc.

FIN D'UN CHAPEAU DE PAILLE D'ITALIE

## CINÉMA-BIBLIOTHÈQUE

Collection d'ouvrages splendidement illustrés par les Photographies des films cinématographiques

Tous les ouvrages publiés dans cette collection sont toujours en concordance étroite avec les œuvres projetées à l'écran. Nous prions donc les lecteurs de se méfier d'ouvrages n'ayant aucun rapport avec les films et qui ne présentent qu'une analogie de titres, afin de créer une confusion dans le public.

### Série à 3.50 le volume

**Eugène Barbier**
★ Le Martyre de Sainte Maxence  1 vol.
**J. de Baroncelli**
Feu !  1 vol.
**Arthur Bernède**
Impéria.  2 vol.
Mandrin.  2 vol.
★ Surcouf, roi des corsaires.  2 vol.
Jean Chouan.  2 vol.
L'Aiglonne.  2 vol.
Vidocq.  2 vol.
Belphégor.  3 vol.
**A. Bernède et L. Feuillade**
Judex.  3 vol.
**A. Bonneau**
Le Pirate aux dents blanches
Jim le Conquérant.  1 vol.
Sa Petite.  1 vol.
**Jules Claretie**
Le Prince Zilah.  1 vol.
**Charles Cluny**
Phi-Phi.  1 vol.
La Cage aux Lions.  1 vol.
Le Géant de la Montagne. 1 v.
Le Boxeur Noir  1 vol.
**Paul Dambry**
L'Espionne aux Yeux noirs. 2 vol.
Mylord l'Arsouille.  2 vol.
Le Capitaine Rascasse. 2 v.
**Pierre Decourcelle**
Quand on aime.  1 vol.
Mystères de New-York 2v.
La Brèche d'enfer.  2 vol.
**A. d'Ennery**
Les Deux Orphelines. 3 vol.
Martyre.  1 vol.
**Maurice Donnay**
Éducation de Prince. 1 vol.

**Gustave de Rudder**
★ La vie de St François d'Assise.  1 vol.
M. Donnay et L Descaves
Oiseaux de passage. 1 vol.
**Jacques Faure**
Amour de Prince.  1 vol.
L'Empreinte du Passé. 1 v.
Sourire d'Avril.  1 vol.
L'Âme des Vivants.  1 vol.
Voleur de Cœurs.  1 vol.
**Arnould Galopin**
Taô.  2 vol.
**René Géralde**
L'Esclave Blanche. 1 vol.
**Henri Géroule**
Le Chasseur de chez Maxim's  1 vol
**Pierre Gilles**
★ L'Enfant-Roi.  2 vol.
Fanfan la Tulipe.  2 vol.
Titi Ier, Roi des Gosses. 2 v.
Le Vert-Galant.  2 vol.
**Claude Henrio**
Le Repaire des Aigles. 1 v.
L'Affranchi.  1 vol.
Trop aimer  1 vol.
**Paul Herviu**
Le Dédale.  1 vol.
Paul d'Ivol et Chabrillat
★ Les Cinq Sous de Lavarède.  2 vol.
**René Jeanne**
Paris.  1 vol.
Le Vertige.  1 vol.
Le Château de la Mort lente.  1 vol.
Destinée.  1 vol.
L'Ile Enchantée.  1 vol.
Casanova.  1 vol.
Antoinette Sabrier  1 vol.

Le Mystère de la Tour Eiffel.  1 vol.
René Jeanne et J. de Baroncelli
Nitchevo, ou l'Agonie du Sous-Marin.  1 vol
**Jean Kéry**
Galaor contre Galaor. 1 vol.
**Eugène Labiche et Marc Michel**
Un Chapeau de Paille d'Italie  1 vol.
**A. de Lamartine**
Graziella.  1 vol.
**E. M. Laumann**
La Closerie des Genêts. 1 v.
Le Secret d'une Mère. 1 v.
Florine, la fleur du Valois.  1 vol.
La Douleur et le Pardon.  1 vol.
**G. Le Faure**
Don Juan.  1 vol.
La Grande Épreuve.  1 vol.
**Gaston Leroux**
Le Fantôme de l'Opéra. 2 v.
**H.-J. Magog**
L'Enfant des Halles.  1 vol.
**Pierre Mariel**
Le Vainqueur du Ciel.  1 vol.
La Rose Blanche.  1 vol.
**Marodon et Roussell**
Violettes Impériales. 1 vol.
**Jules Mary**
La Maison du Mystère. 2 v.
**Victor Mayer**
Le Tsar Ivan le terrible.1 v.
**J. K. Raymond Millet**
Rue de la Paix.  1 vol.
**Jean Mitry**
L'Emprise.  1 vol.

**Gem Moriaud**
★ La Rose effeuillée ou un Miracle de Sainte Thérèse de l'Enfant-Jésus. 1 vol.
★ Cœurs héroïques. 1 vol
Le Baiser qui tue.  1 vol.
**J. Petithuguenin**
Moana.  1 vol.
Faust.  1 vol.
Boris Godounov.  1 vol.
Nadia l'Enjôleuse.  1 vol.
★ Christus.  1 vol.
**Paul Poulgy**
La Fin de Monte-Carlo. 1 v.
**Ponson du Terrail**
Le Forgeron de la Cour-Dieu  3 vol.
**Abbé Prévost**
Manon Lescaut.  1 vol.
**Marcel Priollet**
Le Manoir de la Peur. 1 v.
Le Cœur des Gueux. 1 vol.
**Joachim Renez**
Les Dévoyés.  1 vol.
**J.-Ch. Reynaud**
★ La Tragédie de Lourdes.  1 vol.
Filles du Désert.  1 vol.
La Petite des Variétés 1 v.
**J.-Ch. Reynaud et A. Romane**
★ L'Agonie de Jérusalem.  1 vol.
★ Calvaire.  1 vol.
Toison d'Or  1 vol.
Paris, Cabourg, le Caire... et l'Amour.  1 vol.
★ La Madone du Rosaire.  1 vol.
La Divorcée.  1 vol.
Le Voilier Triomphant. 1 v.
**Jean Ricard**
Le Juif Errant.  2 vol.

**Jean Richepin**
Le Chemineau.  1 vol.
La Glu.  1 vol.
**Jean-Jacques Riki**
Jim la Houlette, roi des voleurs.  1 vol.
**Francis F. Rouanet**
★ Colette.  1 vol.
Adieu Jeunesse.  1 vol.
Croquette.  1 vol.
La Danseuse Passionnée.1v.
**J.-A. Saint-Valry**
La Captive de Ling-Tchang.  1 vol.
**Léon Sazie**
Enfants de Paris.  1 vol.
**Schiller**
★ Guillaume Tell, d'après la tragédie de Schiller  1 vol.
**Georges Spitzmuller**
L'Enfant dans la Tourmente.  1 vol.
Les Fiançailles Rouges  1 vol.
**Charles Vayre**
Gossette.  1 vol.
Les Déshéritées de la Vie.  1 vol.
Lutte d'Amour.  1 vol.
Les Murailles du Silence.  1 vol.
Monsieur Joseph.  1 vol.
**Vayre et Bernard**
Le beau Danube bleu. 1 v.
Charles Vayre et R. Florigni
L'Aviateur Masqué.  1 vol.
Lèvres closes  1 vol.
**Marcelle Vioux**
Fleur d'Amour  1 vol.
**Michel Zévaco**
Buridan.  4 vol.

*Les ouvrages précédés d'un ★ peuvent être mis entre toutes les mains.*

---

## "LES ROMANS MYSTÉRIEUX"

*Viennent de paraître :*

**ARTHUR BERNÈDE**
### POKER D'AS
1 volume broché. . . . . . 9 fr.

**RENE JEANNE & E.-M. LAUMANN**
### Les MYSTÈRES d'HOLLYWOOD
1 volume broché. . . . . . 9 fr.

=== Volumes déjà parus dans cette collection ===

| ANDRÉ ARMANDY | L'Ile de Corail. . . . . . 1 vol. 10 fr. | GABRIEL BERNARD | Les Compagnons de la Haine 1 vol. 9 fr. |
| Le Satanic : | | ARTHUR BERNÈDE | Belphégor . . . . . . 1 vol. 9 fr. |
| — | I. Les Épaves Dorées . . . 1 vol. 9 fr. | HENRI FONTIS et | L'Homme aux trois visages 1 vol. 9 fr. |
| — | II. L'Ile de la Morte. . . . 1 vol. 9 fr. | JEAN RICARD | To... Go... Lo... 1 vol. 9 fr. |

---

**EN VENTE PARTOUT :** Librairies, Kiosques, Gares, Marchands de journaux et aux
### ÉDITIONS JULES TALLANDIER, 75, Rue Dareau, PARIS (XIVe)

de Rudder Imprimeur. 23, rue Lakanal - Montrouge.